文普
化华

PUHUA BOOKS

我
们
一
起
解
决
问
题

内控总监
工作笔记

企业内部控制工作法
及案例解析

王海荣◎著

人民邮电出版社

北　京

图书在版编目（CIP）数据

内控总监工作笔记：企业内部控制工作法及案例解析 / 王海荣著. -- 北京：人民邮电出版社，2018.6
ISBN 978-7-115-48018-7

Ⅰ．①内… Ⅱ．①王… Ⅲ．①企业内部管理 Ⅳ．①F272.3

中国版本图书馆CIP数据核字(2018)第097569号

内 容 提 要

　　内控及管理体系的巩固与实施可以推动企业的管理工作更加规范、高效，可以提升组织的运营效率，提高公司治理水平。

　　本书作者拥有十多年的内控工作实践，先后供职于制造业、咨询服务业等多个行业。本书从内控的定义出发，详细介绍了内控的角色定位、工作内容、执行人、工具箱、常见问题和解决方案、内控部门与其他部门的关系，以及关于内控的误读等内容。书中幽默的语言、生动的图表，将带你一窥内控的前世今生、方方面面。

　　本书适合内控从业人员、企业管理者、财务相关专业师生以及对企业内控感兴趣的读者阅读。

◆　　著　　王海荣
　　责任编辑　贾淑艳
　　责任印制　焦志炜

◆人民邮电出版社出版发行　　北京市丰台区成寿寺路 11 号
　　邮编 100164　电子邮件 315@ptpress.com.cn
　　网址 http://www.ptpress.com.cn
　　北京天宇星印刷厂印刷

◆开本：700×1000　1/16
　　印张：15　　　　　　　　　　2018 年 6 月第 1 版
　　字数：180 千字　　　　　　　2025 年 2 月北京第 29 次印刷

定　价：59.00 元

读者服务热线：（010）81055656　印装质量热线：（010）81055316
反盗版热线：（010）81055315

　　现代企业制度要求企业"产权清晰、权责明确、政企分开、管理科学"。正是基于此，在全球企业管理的学界与业界对内部控制进行研究和实践的同时，我国于 21 世纪初在沪深交易所的上市公司率先推出内控评价文件。2008 年，财政部、证监会、审计署、银监会和保监会更是联合发布了《企业内部控制基本规范》，要求企业建立与实施有效的内部控制。

　　相较于具有近百年内控发展史的西方，我国的内部控制理论研究与实践还处于起步阶段。但有幸有像本书作者这样的内控从业人员，散布于各行各业，他们一点一滴、脚踏实地地探索着中国企业组织自己的内控之路。

毋庸置疑，内控体系的建设不仅可以防范和管理公司风险，还可以带来其他方面的提升。通过内控及管理体系的巩固与实施可以使企业的管理工作更加规范、高效，可以提升组织的运营效率，提高公司的治理水平。所以，内控才在全国上下蓬勃发展起来，可谓"忽如一夜春风来，千树万树梨花开"。

然，法无定式，式无定式，管理无定式，内控亦无定式。大概身为管理学的研究者，都知道管理既是门科学也是门艺术，是在长期的管理实践中总结出来的，是管理者素养、才能、知识、经验的创造性体现。理论是一回事，实践是另一回事。目前，内控管理的操作方式一般有两种：一种是请外部咨询顾问，梳理风险点，建立内控体系，交由组织内部执行与完善；还有一种是由熟悉组织的内部人员日积月累地搭建、磨合与完善内控制度及体系。虽最终目标是一致的，但内控工作所处环境不同，面临的困难与挑战也各不相同。本书作者是第二种操作方式的执行者，是身处堡垒内部的人，是战斗在内控第一线的人，其经历更真实，其体悟更深切。只有纵横过内控江湖的人，才能写得出书中的生存法则，才会知道揽内控这瓷器活得有什么样的金刚钻。

内控作为一个发展时间短、专业性强的新兴职业，在国内甚至全球，其研究都有待完善。进入如今这个万物互联的时代，组织生存环境的不确定性更大，组织势必越发要倚靠内控。但内控该如何发展，内控将走向何方，答案得由广大的内控从业人员来给。

陈留平

江苏大学博士生导师

伴随着人类出现了职务分工，内部控制应运而生。例如，当两个人结伴外出打猎，一个人负责"引蛇出洞"，另一个人负责击而杀之时，就有了内部控制。经济发展到一定阶段，所有者和经营者开始分离。东家通过账本看"掌柜的"是否踏实地替自己卖命，中世纪时庄园主通过检查记账防盗止损，这都体现了内部控制的思想，同时也形成了内部控制的工作方式。东西方商贸往来的繁荣，最终催生了伟大的复式记账法。

工业大革命之后，工厂制度普遍推行，组织管理活动应运而生，从而产生了涉及业务程序、职责分配、组织结构和内部审计等事项的管理方法，内部控制自此走上了发展的"快车道"。

相较于其他管理理论，内控的理论研究还很年轻，实践亦很少。故当今人们对内控的误解很多，比如认为内控就是写制度、内控就是不让人好过、内控就是内控部门刷存在感、内控就是消防队员、内控是老板的事与普通员工无关，等等。但实际上并非如此。内部控制强调全员参与，组织内的所有人毫无例外。内部控制是一个持续的过程，开始了就不会结束，目的在于为实现组织目标提供"合理"保证。内控的终极方向很明确，就是组织目标。组织目标是组织存在的目的与宗旨，是"水泊梁山举起的大旗"。但组织目标不是一成不变的，水泊梁山旗子上绣的字不也还从"替天行道"变为"顺天护国"了吗？风起云涌的技术浪潮，再有互联网的加盟，使风向变换更为迅捷。个性化、定制化的来临，对组织管理的要求越发严格。内控存在的前提和目的都要依赖组织的存在与发展，内控工作必须围绕组织目标这根指挥棒转，不断适应组织的变化。内控从业人员应"抬头看路"，适当研究所在行业的趋势，以及内控工作所依赖的相关技术的发展变化，因为不如此，组织将失去机会和方向，面临被淘汰的风险。

人在江湖，身不由己。在内控的江湖里随处可见利益的刀光剑影，随处可见秩序与无序的搏杀，犹如七彩霓虹折射出人性的复杂多样、光怪陆离。若欲在其间安然无恙、游刃有余，唯有因势而谋，因时而动，顺势而为，整合与协调各方利益，疗组织于未病，推动并践行组织变革。这才是内控的诗外功夫。从某种意义上讲，内控就是"戴着镣铐跳舞"。在本书中，笔者将从内控控什么、谁来做内控、怎么做内控等方面说说如何跳好内控之舞。

笔者从事内控工作十多年，历经外企、民企和国企等组织类型，积累了制造业、商业服务业和建筑业等行业的从业经验，深谙其中的酸甜苦辣，也遇到过手足无措、彷徨无助的局面。"没有金刚钻，不揽瓷器活"，内控工作对从业人员的要求甚多。不仅要求其知识结构多元化，通晓财务、法律、管理等知识，还要有大局意识，懂专业，有实践经验，晓变通；不仅要负责任、坚持原则，还要有一颗包容之心，有些时候不能太较真，要和"群众"打成一片；不仅能"苟且"于眼前，还要能心怀诗和远方。此诚非学习不可为，非修炼不可得也。

001 　**第一章　为什么要做内控**

　　我们为什么要花力气做内控？答案是：为了让企业活着，并且好好地、长久地活下去。本章简要介绍了内控产生的原因，内控在企业的运营中发挥的作用。

015 　**第二章　内控的前世今生**

　　内控发端于工业革命，发展于 20 世纪，盛行于 21 世纪，随着政治、经济和社会的发展而发展。本章介绍了内控产生的历史，并详细解读了内控的定义。

043 　**第三章　关于内控的误读**

　　内控还处于理论研究和实践探索的初期，内控到底是什么，依然众说纷纭。本章详细解读了六种关于内控的主要误解。

057 　**第四章　内控的角色定位**

　　企业的设计者对内控的理解各异，公司的实际需求不一，内控部门的角色定位也各不相同。本章介绍了几种常见的内控角色定位，实践中，其也可能会综合扮演几种角色。

069　第五章　内控控什么

"授人以鱼，不如授之以渔。授人以鱼只救一时之急，授人以渔则可解一生之需。"本章对内控的"鱼"和"渔"进行了论述。

077　第六章　内控的执行人

内控的执行人是企业组织的全体员工，企业所有的机构、所有的人都无一例外。内控这件事由谁来做，就是本章要阐述的主题。

135 第九章 内控循环

内控能做些什么？应该做些什么？怎样把内控做好？内控循环就是由风险评估开始，发现重大风险点，找出日常控制点，建立管理制度和业务操作流程。

165 第十章 常见问题及其解决方案

任何一种职业都有自己要解决的核心问题，内控也不例外。本章详细介绍了六种常见的内控问题及其解决方案。

185　第十一章　内控人的金刚钻

"没有金刚钻，不揽瓷器活。"本章主要介绍了内控从业人员应该具备哪些任职能力。读者可以通过胜任能力模型、能力关键词的论述，查缺补漏，修炼自己。

223　后　记

第一章

为什么要做内控

说起内控的发展势头，让我想到一句诗，"忽如一夜春风来，千树万树梨花开。"内控在我国好像忽然之间就盛行开来，快到很多从业者都来不及想为什么要做，本章的内容就针对这个话题，深入分析内控的目的和意义。

安然事件

最早的内控是从上市公司开始的，资本家出于追求利润的本能，总试图通过造假、舞弊等手段虚增利润。于是，便出了几桩大事，比如安然事件。

从1985年到2000年短短的15年中，安然公司创造了一个接一个的神话。它的每一次举动都被媒体津津乐道，每一个战略都成为商学院MBA教学的经典案例。它的发展犹如坐上了火箭，才十几年的时间，就与通用、埃克森美孚、壳牌等百年老店平起平坐，成为一代商业巨擘。1990年到2000年的10年间，安然公司的销售收入从59亿美元上升到了1 008亿美元，净利润从2.02亿美元上升到了9.79亿美元，其股票成为众多证券评级机构的推荐对象，受到众多投资者的追捧，媒体也对安然公司宠爱有加。

安然公司的成功，即使是在美国这样敢于冒险、奇迹频发的国度，也绝对称得上商业神话。它吸引了无数羡慕的目光，也被众多希望"发财"的投资者寄予了厚望。然而，这一切在安然公司发表 2001 年第三季度亏损的财务报表后戛然而止，安然"帝国"的崩塌开始了。

在政府监管部门、媒体和市场的强大压力下，安然公司向美国证监会递交文件，承认做了假账，在 1997 年到 2001 年间共虚报利润 5.86 亿美元，并且未将巨额债务入账。国际市场的风云变幻又让安然公司在国债和原油市场上双双受挫，其企图通过兼并来摆脱困境的努力也同时落空。而证券评级机构又给了奄奄一息的安然一记重拳，仅仅 15 个月，安然公司的股价就从每股 90.56 美元跌至 0.26 美元，市值由峰值时的 800 亿美元跌至 2 亿美元。安然公司最终向法院申请了破产保护，破产清单中所列资产价值高达 498 亿美元，成了当时美国历史上最大的破产企业。

安然公司抓住政府放松能源管制的发展机会，通过大力发展金融衍生产品交易和电子商务使公司规模得以迅速扩大，然而，当美国经济陷入低速运行时，能源价格下降，网络经济泡沫破裂，股价下跌，其能源业务、金融衍生产品交易及电子商务都受到重大影响。面对这种情况，安然没有正视公司所面临的困境，而是选择通过不正当手段，继续"维持高增长"，继续制造泡沫神话。安然采取的方式是：利用资本重组，形成庞大而复杂的企业组织，通过错综复杂的关联交易虚构利润，利用财务制度上的漏洞隐藏债务。

安然事件还导致了安达信的解体。因为安达信被陪审团一致认为阻碍政府调查，被判罚款 50 万美元并禁止在五年内从事业务。从此，安然事件作为财务舞弊和审计失败的经典案例载入史册。

在美国，安然事件之后，上市公司和证券市场丑闻不断，特别是 2002 年 6 月的世界通信公司会计丑闻，2002 年美国国会报告称其"彻底打击了投资者对资本市场的信心"。

在此背景之下，美国参议院银行委员会主席保罗·萨班斯（Paul Sarbanes）和众议院金融服务委员会（Committee on Financial Services）主席迈克·奥克斯利（Mike Oxley）联合提出了《2002 年公众公司会计改革和投资者保护法案》，又称《萨班斯－奥克斯利法案》。该法案对美国《1933 年证券法》《1934 年证券交易法》进行了大幅修订，在公司治理、会计职业监管、证券市场监管等方面作出了许多新的规定。2002 年 7 月 26 日，美国国会以绝对多数通过了这一关于会计和公司治理一揽子改革的法案。四天后，小布什总统在白宫签署了该法案，使其正式生效，并称"这是自罗斯福总统以来美国商界影响最为深远的改革法案"。

法案的第一句话："遵守证券法律以提高公司披露的准确性和可靠性，从而保护投资者及其他目的。"法案中最重要的条款之一是 404 条款即内部控制的管理评估，也是最严厉、要求最高的条款。该条款明确规定了管理层应承担设立和维持一个应有的内部控制结构的职责。该条款要求上市公司必须在年报中提供内部控制报告和内部控制评价报告。上市公司的管理层和注册会计师都需要对企业的内部控制系统做出评价，注册会计师还必须对公司管理层评估过程以及内控系统结论进行相应的检查并出具正式意见，CEO

和 CFO 需要签署书面声明。显然，404 条款对公司内部控制做出严格要求是为了使公众更易于察觉公司的欺诈行为，并确保公司财务报告的真实可靠性。

基于市场经济的共通性，以上事件及相关法案的出台引起了全球对公司治理、财务报告制度、注册会计师行业管理体制、注册会计师独立性等诸多问题的思考。世界各地纷纷对其展开研究、讨论并进行实践活动。为了大多数人的利益，有必要通过法律手段和行政手段，评价和完善内部管理体系，并让管理层签署责任状，写清楚"知道建立、实施和维护内部控制制度是本公司管理层的责任。本公司业已建立内部控制制度，并保证制度设计与执行的有效性。若内容有虚假、隐匿等不法情况，愿承担法律及经济责任"。

内控为哪般

这些监管要求看上去可谓是兴师动众、劳民伤财，但如此费力为之原因何在？

首先我们来看看企业组织为什么存在。管理大师德鲁克曾说过："顾客决定了企业是什么，顾客是企业存在的目的。"换言之，企业存在的价值在于满足顾客的需求。财务结果不是企业经营活动的全部结果和唯一的检验标准，企业的价值不止赚钱，还在于使命、责任、成长和创新。

其次我们来看看企业组织是如何存在的。基于社会分工，现代企业的投资人与管理者分离，投资人负责用钱生钱，管理者负责花钱办事。但管理者又面临管理跨度的约束,不可能直接管理几十个、几百个、几千个、几万个甚至更多的员工,于是管理者把员工按照一定的架构组织起来,让人管事,再让人管人,最终把事办好,把钱赚到。好坏企业的差别在于:一是投资回报率,投入同样多的资金或资源,能得到的投资回报不一样;二是存续时间,有的做成了百年老店,有的领三五年风骚,有的昙花一现;三是对人类的影响,有的引领了一个新的行业,有的改变了人类的生活方式,但有的却对人类生存环境造成了一定的破坏。

回到之前的问题上,我们为什么要花力气做内控?答案是:为了让企业组织活着,并且好好地、长久地活下去。具体从下面三个角度来看。

一、从过程上保证财务报告的可靠性 [①]

在这一点上,内控和 ISO 质量体系的设计理念是相同的。从过程上保证结果的可期待性、可靠性,把每一步走踏实了,结果也不会差。若是不能保证每一个流程与控制点的合规性,即使结果是合格的,那可靠性也难以保证。做组织运营总不能撞大运,即便管理层愿意,投资人也不能接受。

举个例子,财务部门招聘出纳,除了要求有会计、财务、税务等专业技能之外,更要考虑职业素养这一软指标。

---

① 可靠性,英文是 reliability 或 dependability,英文解释是"the quality of being dependable or reliable",通常用百分比来度量。

这个指标没有数字可以度量，也没有证书可以证明，但可以从几个方面来考虑，比如被招聘者在当地是不是有房有车，家境如何，遵纪守法的倾向如何。若其已在当地置业安家，那应当是相对稳定的；若其家境不错的话，可能对钱财就不太会有急迫的渴望，因生活压力铤而走险的可能性就低；若其遵纪守法，其违法乱纪的可能性就低。这就是对招聘过程的控制，以保证出纳人员符合出纳岗位的要求。当然除了对人员素质的要求之外，还应通过岗位职责的分离进行岗位之间的监督，通过审批流程的控制进行上下级之间的监管，综合保障出纳岗位的安全、高效。

一个岗位如此，一家企业同样如此，只不过更加综合、更加复杂而已。管理者通过对业务流程的分解与控制，把控经营管理活动的整个过程，使财务报告的结果真实、准确、可依赖。因为一时造假、一处造假容易，时时造假、处处造假很难，何况还得人人造假，这就难上加难了。这就是体制、机制的力量，也是制度的强大之处。

保证财务结果的可靠性，让管理者能检视经营管理的过程，让投资人、外部监管方能看到真实、准确的财务报告。一方面投资人可以准确判断所投资企业的价值，进行投资决策；另一方面管理者也可以根据财务报告及时调整企业的运营策略，以免出现虚构的繁荣大厦轰然倒塌的惊天逆转，给投资人造成巨大损失的同时，其不良影响也会殃及社会。

二、使企业遵守相关法律法规

现代社会是法治社会，我国的根本大法《中华人民共和国宪法》第五十三条指出："中华人民共和国公民必须遵守宪法和法律，保守国家秘密，爱护公共财产，遵守劳动纪律，遵守公共秩序，尊重社会公德。"

同时，因为是法治社会，法律面前人人平等，大家都在遵守共同的行为规范，这是大家行为选择的基础。只有严格遵守这套规则，企业才能正常开展业务，否则连生存都成问题，还谈什么发展？

内部控制的目的在于保证企业遵守相关的法律法规，在法律法规规定的范围内运营。对企业影响比较多也比较大的法律有《公司法》《合同法》《劳动合同法》《物权法》以及各种税法及其相关的立法解释、司法解释，还有一些地方性法规条例等。这些法律法规规定了企业从生到死的全部过程。

要成立一家公司，需要到工商部门申请注册，遵从工商注册的一套法律法规。办好营业执照，还需自领取营业执照之日起30日内，向税务机关申报办理税务登记。若是不办理税务登记，会被责令限期改正；逾期不改正，经税务机关提请，由工商行政管理机关吊销营业执照，另外还可能被处以相应行政处罚。

在日常运营中，企业做生意总得开发票收款。若是非法印刷发票、非法购买增值税专用发票、购买伪造的增值税专用发票、虚开发票等，还得面临刑事处罚。要在规定的时间申报纳税，否则税务局不会放过你，工商部门也不会放过你。如果吊销营业执照，企业也就办不下去了。另外，企业还要遵守《劳动合同法》，才能雇用到所需要的员工；要遵守《合同法》，才能和生意伙伴顺利合作。

总之，要做正当生意，就得遵守法律法规，否则寸步难行。当然，以上是特别情形。正常情况下，企业都是遵纪守法的"好公民"，那种因为利益故意触犯法律的事件是极少出现的。现实中更多的是企业无意中触犯了法律，比如对法律法规的修订不了解；或者由于业务的拓展或改变，对新涉及的法律法规不了解；或者负责有关事务的人员换了，新接手的人不了解相关的法律法规；甚至有的企业只是因为疏忽而触犯了法律法规。

针对这些问题，内部控制活动提供了解决方案。应对不了解法律法规的风险，可以外聘法律顾问提供法务咨询，也可以由公司的法务部门定期就更新的法律法规提醒相关人员，还可以让相关人员参加相关的外部或内部知识培训。应对人员知识技能欠缺的风险，可以招聘有相关工作经验的人来负责相应岗位，做好工作交接，结合岗位进行知识和技能的训练。对重大的法律风险，应考虑多设置控制点，通过多级审核、交叉检查、系统防呆设置等来予以防范。

即使这些都没能把风险控制在可承受的范围内，也可以通过事后的补救措施来亡羊补牢，从而保证企业运行于法律法规允许的区间内，而不是走着走着就"失血"，或者不小心就"玩完"了。

三、提升运营的效率与效果，包括获利、绩效、资产安全等

企业除了要活着，还要活得长活得好。企业就像一棵棵大树，需要在社会丛林中争取到尽可能多的阳光、肥料和水分，只有尽快地成长，才能脱颖而出。

在台风盛行的夏天，时常会有这样的新闻：某某城市行道树倒伏，致多少多少损失。园林学里有个要求，树木之间要留足够的距离，才能保证树木的根扎得足够深，不至于被大风吹倒。

对人工栽培的行道树可以如此安排，若是在自然生长环境中，这些树木则只能靠自己的努力，生根发芽，充分利用自己的资源禀赋，或长得更高，或长得更壮，以求获得更多的阳光。

企业就如同这些树苗儿，内控便是成长控制系统。而控制的两个关键要素，一是效果，二是效率。

所谓效果，就是结果。内控的目标就是合理保证组织目标的实现，保障其获得运营的结果。

笔者一直认为，为内控而内控是小为控，是会把内控做死的内控；既站在战略管理的高度，又能从运营管理的角度出发，还能充分理解职能部门和管理层立场的内控才是大内控，是会越做越活、越做越好的内控。

所谓风险防范无非也是为了保证组织运营的成果，不要让老鼠偷走了奶酪，窃取了劳动果实。

除了效果，还要求效率。所谓效率，就是投入产出比。同样的 10 000 元钱投进去，有的企业可以在 1 年时间里赚回 1 000 元，有的只能在 3 年里获得 100 元的额外收益，有的还可能连老本都赔进去。按照政治经济学的观点，企业的生产效率要高于社会平均的生产效率，才能赚取利润。市场化组织还需要更快地赚取利润，比如"非行业前三名不做"，道理亦然。做大做强，大者通吃，强者通吃。

当然在我国的内控理论研究中，人们还赋予了内控更多的目的，如绩效考核、资产安全等。《企业内部控制基本规范》提出的内部控制的目标是，合理保证企业经营管理合法合规、资产安全、财务报告及相关信息真实完整，提高经营效率和效果，促进企业实现发展战略。

别的不多说，在实际应用中，内控还是管人理事的好工具、好渠道。在古典文学中，昏君奸臣、明君贤臣不胜枚举，而在近代企业管理中，英明和糊涂的管理者也数不胜数。有的人年轻时英明神武，老了倒昏庸无能、偏听偏信了。这里面固然有"人"这个主体自身的变化，更主要的原因是没有相应完善的内控、切实可信的数据可依赖，从上到下都没有养成根据数据做判断的习惯。

记得有一阵子一个朋友一直跟笔者说，他们的上司 A 十分糊涂，偏听偏信到了令人发指的地步。他的上司 B 和上司的上司 A 同时得到了晋升。姑且称我的朋友为 C，而他的下属们是 D。晋升前，自上而下是 A-BCD，晋升后，就变成了 A-B-CD。之前因为管理层级不多，管理幅度也不大，并且办公地点相近，所以 A 对他们这些下属 BCD 们即使不能说了如指掌，起码谁几斤几两大概还是清楚的。后来因为组织架构的改变，增加了一个管理层级，管理幅度也增大了。渐渐地，按我朋友的说法是 B 挟势弄权，而 A 则偏听偏信。于是乎，才半年时间，部门的风气日下，员工们开始怨声载道，踏实肯干、团结互助的好员工开始慢慢学会了怎么推诿、怎么拖沓、又该怎么"表现"。而 A 治下的其他部门的人也渐渐有样学样。

表面上看，是人的问题。一是 B 本身人品有问题，升任主管以后慢慢地开始暴露；二是 A 偏听偏信，太相信 B。实际上，出现这种情况归根到底是因为内控没做好。一是该部门的内控没做好。信息的沟通渠道设置不当，内部作业信息的收集不当。谁做了什么，什么时间完成的，完成质量如何，全部靠人工收集，并且沟通路径太依赖 B 到 A，这就给了 B 太大的自由空间。二是人力资源方面的内控没做好。接班人计划不完备，培训内容安排不周，新任主管的任职跟踪不到位。人力资源部门对接班人的选择与任用标准不全面，对新任的主管人员 A 和 B 均没有进行充分的培训，上任后也没有及时跟踪新任主管的任职情况。

理论上说，在这个例子里，若能把部门的内控和人力资源方面的内控都完善起来，养成依靠数据做判断的习惯，很有可能就不会出现上述问题了。这个例子表明，通过内控可以将管人理事这种复杂的事情分解开来，并落实到操作上。

内控就是通过这些微观的细节管理，得到想要的经营效果和效率，保证每一个环节的顺利推进。如此一来，企业便可以顺利地从一株小树苗长成参天大树，屹立在社会丛林中，成为社会生态系统的枝干，同时又会影响和改变社会生态系统。

第二章

内控的前世今生

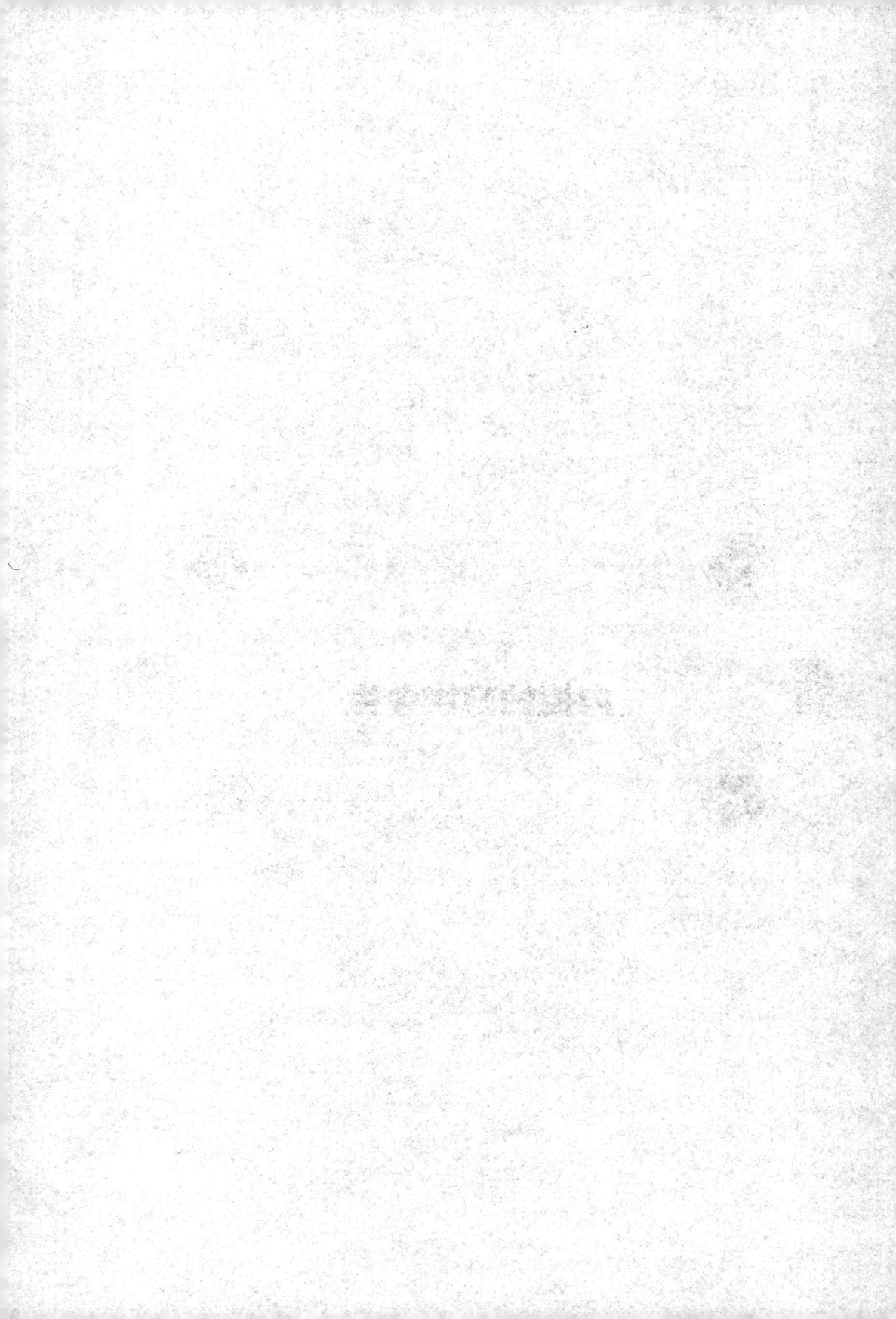

内控的历史扫描

国际

近代公司存在于 15 世纪末到 19 世纪下半叶，也就是封建制度逐步解体，资本主义迅速发展的时期。15 世纪末，随着新航线的开通和美洲大陆的发现，大西洋沿岸国家的商业贸易空前繁荣，加速了封建制度的解体。英法等国先后爆发了资产阶级革命，资本主义生产关系逐步生长，各国相继进入资本的原始积累阶段。继资产阶级革命之后又发生了"产业革命"，机器大工业取代工场手工业，为资本主义制度的确立提供了技术保障，也为商品经济的发展奠定了物质基础。为适应商品经济发展的需要，公司这种企业组织形式迅速发展起来，并逐步走向成熟。

从制度经济学的角度来看，交易成本的存在促使公司这样的组织形式得以出现，以便以低组织成本来替代高交易成本。所以，所有公司都有降低公司组织成本的原始冲动，由此出现了职能分工和制度流程。内部控制的出现，也是本着阻止风险的考虑。

但是内部控制作为一个专用名词和完整概念，直到20世纪30年代才被人们提出、认识和接受。其实，在此前的人类社会发展史中，早已存在着内部控制的基本思想和初级形式。

内控的实践最早可以追溯到公元前3 600年前的美索不达米亚文化时期，当时经手钱财的人要把付出的款项列出付款清单，并由记录员将这些清单汇总报告，在汇总报告时，记录员要在付款清单上打上点、钩、圈等核对符号，表明账目检查工作已经完成。公元前600年左右，古埃及建立了记录官、出纳官和监督官的三官牵制制度。古希腊时期对官吏的审查非常严格，官吏上任前要接受资格审查，任职期间要接受对其称职与否的信任投票，任期结束要接受卸任审查，即对其经手的钱财进行稽考交接。古罗马采用"双人记账制"，每一笔财产收付都由两个记账员同时记载，定期或不定期进行核对。

15世纪末，随着资本主义经济的初步发展与会计体系的成熟，内部牵制也发展到了一个新的阶段。以意大利出现的复式记账法为标志，内部牵制渐趋成熟，它以账目间的主要内容为依据并实施一定程度的岗位分离，在当时被认为是确保财产和账目正确无误的一种理想控制方法。

18世纪英国工业革命爆发后，出现了工厂这一新的组织形式。组织规模的扩大及内部结构的复杂性，要求工厂采用新的科学管理方法。美国一些企业逐渐摸索出一些组织、协调、制约和检查企业生产经营活动的方法，建立了内部牵制制度，规定有关经济业务处理的全过程不能由一个人或一个部门统揽。

作为现代内部控制雏形的内部牵制，是在当时生产规模较小和管理理论比较原始的条件下，总结以往的经验，并在实践的基础上逐渐形成的，主要以查错防弊为目的，以钱、账、物等会计事项为主要控制对象，以职务分离和核对账目为控制手段。内部牵制在现代内控理论中仍然占有重要地位，成为组织结构控制、职务分离控制的基础。

20 世纪 30 年代，世界性经济危机爆发，许多企业为求生存，免遭破产的厄运，不得不加强了对生产经营过程的控制与监督，企业的内部控制开始超越会计及财务范畴，深入企业生产管理各部门及各环节，如生产标准、质量管理、统计分析和员工培训等方面。

1934 年，美国颁布了《证券交易法》，率先提出了内部会计控制的概念，要求证券发行人设计并维护一套内部会计控制，作为抑制经济危机中虚假会计信息泛滥的措施之一。内部会计控制包括：交易依据管理部门的一般和特殊授权进行，交易记录必须满足依据公认会计准则或其他适当标准编制财务和经管责任的需要，接触资产必须经过一般和特殊授权，一定的时间间隔后，要将财产的账面记录与实物资产进行核对，并对差异采取适当的补救措施。

1949 年，美国注册会计师协会所属的审计程序委员会在"内部控制：一种协调制度要素及其对管理当局和独立审计人员的重要性"的报告中，第一次正式给出了内部控制的定义："内部控制包括组织机构的设计和企业内部采取的所有相互协调的方法和措施。这些方法和措施都用于保护企业的财产，检查会计信息的准确性，提高经营效率，推动企业坚持执行既定的管理政策。"该报告是从企业管理的角度来定位内部控制的，内容上不局限于与会计和财务部门直接有关的控制，还包括预算控制、成本控制、定期报告、统计分析、培训计划、内部审计以及技术与其他领域的活动。

1973—1976 年，美国政府、立法机构和规章制定部门开始密切关注内部控制问题。美国国会于 1977 年颁布了《反国外贿赂法》。该法案要求公司对外报告的披露者设计一个内部会计控制系统，并维持其有效性。公司管理层对内部控制的健全性负有特殊责任，要设置账簿记录和账户，以便正确、适当地反映资产的交易和处置，保证内部会计控制系统的充分有效性。该法案还规定，企业若达不到美国审计准则委员会提出的内部控制目标，可被罚款 1 万美元，责任者被处以 5 年以下监禁。《反国外贿赂法》被认为是内控发展史上的又一座重要的里程碑。它第一次强制性地将内控制度纳入法律管辖的范畴，使内控得到了广泛的重视。上市公司扩大了其内部审计职责，并更加密切地关注内控系统建设。

20 世纪 80 年代到 90 年代初，内部控制进入内控结构阶段。在这一阶段，内控由偏重研究具体的控制程序和方法发展成为对内控系统全方位的研究，其突出的变化是日益重视对控制环境的研究。对内部控制的研究也逐步从一般含义向具体内容深化，学者们认为内部会计控制与内部管理控制是不可分割的，是相互影响、相互联系的。1988 年 4 月，美国注册会计师协会发布的审计准则公告第 55 号《财务报表审计中对内部控制结构的考虑》中，用"内部控制结构"取代了原有的"内部控制"，不再区分内部会计控制和内部管理控制，而是确立了内部控制结构，指出"内部控制结构包括为合理保证企业特定目标而建立的各种政策和程序"，明确了内部控制结构包括控制环境、会计系统和控制程序三个要素。

其中，控制环境是内部控制结构的基础和前提，会计系统是内部控制结构的关键要素，控制程序是保证内部控制结构有效运行的机制。内部控制结构这一概念特别强调了控制环境的重要作用，包括管理者对内部控制的态度、认识和行为等。内部控制结构的提出，适应了经济发展和企业经营管理的需要，同时得到了会计界和审计界的广泛认可。内部控制取得了两大重要突破：一是正式将控制环境纳入内部控制范畴，不再将控制环境作为内部控制的外部因素看待，而是强调控制环境是充分有效的内部控制体系得以建立和运行的基础和保证；二是不再区分会计控制与管理控制，而统一以要素来表述内部控制，由三个要素构成内部控制结构，实现了内部控制由零散到系统的转变和提升，反映了内部控制的性质。

进入 20 世纪 90 年代以后，世界经济变得越来越复杂与动荡，舞弊案件开始不断出现并引起人们的关注，反舞弊的呼声开始高涨并引起共鸣，对于内部控制的研究也因此进入一个新的阶段。

1992 年 9 月，COSO（Committee of Sponsoring Organization）发布了指导内部控制实践的纲领性文件《内部控制——整合框架》（COSO 报告）。COSO 报告指出："内部控制是由企业董事会、管理层和其他员工实施的，旨在为财务报告的可靠性、经营活动的效率和效果、相关法律法规的遵循性等目标的实现提供合理保证的过程。"COSO 报告提出了内部控制由控制环境、风险评估、控制活动、信息与沟通、监控等五个相互独立又相互联系的要素构成。

COSO 报告是内部控制发展史上的又一座重要里程碑，其提出的观点备受业内推崇，成为世界通行的内部控制权威标准，被国际

阅读笔记

组织和众多国家审计准则制定机构、银行监管机构及企业界所采纳。美国注册会计师协会宣布全面接受 COSO 报告的内部控制框架，并从 1997 年 1 月起取代 1988 年发布的《审计准则公告第 55 号》。

2001 年以来，美国的安然、世界通信、施乐等公司财务舞弊案相继爆发，不但重创了美国资本市场及经济，同时也集中暴露出了美国公司在内部控制上存在的问题，如管理层越权、缺乏职责分离、透明度不足、董事会监督无效，以及存在会导致职能失调、渎职行为的薪酬结构失衡等。2002 年 7 月，美国国会通过了著名的《萨班斯－奥克斯利法案》。该法案的第 404 条款明确规定，公司管理层需要对财务报告内部控制的有效性进行报告和评价，独立会计师要对管理层提供的内部控制评价报告进行鉴证。因此，该条款成了最"昂贵"的法律条款。该法案不仅明确了公司的首席执行官和首席财务官对内部控制负直接责任，并将承担经济与刑事后果，而且大幅度提高了对会计舞弊的处罚力度，强化了对内部审计与外部审计的监管。该法案也是美国政府制定的少有的涉及范围广、处罚措施严厉的公司法律。

2004 年 9 月，COSO 结合《萨班斯－奥克斯利法案》的具体要求，在内部控制整合框架概念的基础上，提出了《企业风险管理——整合框架》（ERM 框架），使内控进入了一个新的发展阶段。ERM 框架将内部控制融入风险管理，形成了一套更为健全的概念体系与管理依据，强调内部控制的持续有效性。

近年来，国际商业环境与经济形势发生了深刻变化，以互联网为代表的信息技术的广泛运用使组织的运营模式和管理方法发生了重大变革，经济全球化与金融危机的爆发促使管理者、投资者、监管部门和其他利益相关者迫切需要利用科学有效的内部控制框架识别、应对和控制风险，防止欺诈行为的发生，减小大规模爆发金融危机的可能性。COSO 在 2013 年 5 月正式发布了新版的《内部控制——整合框架》（2013）。新框架延续并保留了内部控制的核心概念、内部控制五大核心要素和内部控制有效性的评价标准。

2016 年，COSO 又公布了针对 2004 年 ERM 框架的修改草案，草案全称为《企业风险管理——通过策略与绩效调整风险》。草案认为企业风险管理是"组织在创造、维护和实现价值的过程中，进行风险管理时所依赖的与战略和执行紧密结合的文化、能力和实践"。此定义与 2004 年 COSO-ERM 框架迥异，更强调文化、能力和价值创造的实践。新框架由 23 条原则支撑五要素，五个要素分别是：风险治理与文化，风险、策略与目标制定，执行中的风险，风险信息、沟通与报告，监测 ERM 的绩效。对比 2004 年的旧版，新版改动较大，包括双向性的风险定义，风险管理在战略选择中的决定作用，全面风险管理框架的新结构，弃用了熟悉的"立方体"结构。新框架旗帜鲜明地提出风险管理与内控的关系，并指出 COSO 在 2013 年版涵盖的五大单元和 17 项原则的内部控制框架，并不会被新框架所取代。但是全面风险管理涵盖了比内控更多的内容，内控是全面风险管理的不可分割的子集。

其实，除了美国的 COSO 框架，关于内部控制，还存在其他框架。比如，在加拿大出现过 COCO 框架。与 COSO 框架所采用的基于独立审计的内控观不同，该框架采用基于公司治理和管理活动的内控观，以适应内控概念的拓展和内控实务的复杂化，以及由此导致的内控与管理活动之间的界限越来越模糊，内控逐渐往管理方向靠拢的管理现状。但正如加拿大 COCO 委员会前任主席迈克尔·冈恩斯所言，由于美国 COSO 内控框架在全球内部控制领域的领先地位，加上 COCO 内控框架的实践指导性不强，且没有强制内控审计的制度安排，COCO 内控框架正逐渐走向衰退。

从内部控制产生与发展的历史进程我们可以看到，人们对内控的认识经历了一个从部分到整体、从简单到复杂、从单一目标到多个目标、从零散到系统的不断发展与完善的过程，也是一个跟随企业管理的发展变化而不断成熟完善的过程。内控是扎根于企业管理实践的一门实践性学科。

国内

在我国，最早的内部控制制度起源于西周时期，体现在统治者对政权的控制中。西周时期实施了分权控制和九府出纳方法。西周的财务、行政、会计、国库组织各自成系统，并在其间形成相互牵制的关系，司会主天下之大计，九府出纳制度使各个出纳部门责任清楚，分工明确，控制着整个王朝的财物收支活动，而九府又统归司会控制，使王朝的财物出纳保管权都集中在司会的控制之下，宰夫则行稽查之权。西周出现了上计制度的萌芽，每年各地的官吏将地方上的税赋收入和各项财政收入，用书面的形式呈报给皇帝，皇帝则每年进行一次听计，由负责审计的官员将各地报来的收支账目念给皇帝听，以此审查官员的经管责任。到了秦代，则实行严密的上计制度和御史监察制度，这两种制度是控制社会经济和政治发展的重要监督制度。宋朝时期则规定"主库吏三年一易"，也就是主管仓库的官员必须每三年更换一次，这相当于现代的岗位轮换制度。

虽然我国内部控制思想和实践起步较早，但后期发展比较曲折，未能与现代企业内部控制发展历程相对接。我国企业内控相关规范建设开始于改革开放之后，随着经济发展而迅速发展、完善，逐步系统化、体系化。

20 世纪 90 年代后期，由于会计信息失真严重、经济犯罪案件频发、市场竞争激烈、企业效益不高、经营风险增加等原因，政府主管部门加强了对单位内控制度建设的关注，财政部、证监会、中国人民银行、国资委、审计署、银监会、保监会等部门先后制定和发布了一系列有关内部控制的法规和规章制度，对建立并完善内控制度发挥了重要的作用。

与美国相类似，我国的内控建设也是发端于内部会计控制，经由外部审计予以加强。最早的内控规范多数是从内部会计控制提出要求，而后发展为对整个企业内部控制提出要求，并要求注册会计师对企业的内部控制进行评价，注册会计师的审计服务对加强企业内部控制具有审核和指导作用。

从行业来看，我国现代企业内部控制规制的范围主要集中在银行业。主要是因为银行业本就是一个高风险的行业，而且分支机构遍布全国甚至全球，又涉及广大客户的资产安全，内控稍有不慎，就会造成无法预料的损失。而随着证券市场的迅猛发展，上市公司内控又成为我国企业内控关注的焦点。

在很长一段时间内，不同的政府部门或机构根据其管理权限各自颁布了不同的内控指导原则、指引、规范，这些不同的内控规范形式多样、标准不一，对内控概念的界定、控制目标的确立、应遵循的控制原则、内部控制要素的构成等内容均有不同的解释和规定，这样不利于构建统一的企业内控规范体系。其更多是从重点行业和重点企业，如银行业、证券业、期货经纪行业、上市公司、中央企业等角度，原则性地提出内控标准，并未下沉到操作层面。没有统一的标准，没有统筹负责的机构来推动，既有的控制标准也无法有效地贯彻落实，因此，大家都在呼唤一套统一、完整的内控框架。

2008年5月22日，在原有内控原则的指导下，在国内企业内控实践的基础上，财政部、证监会、审计署、银监会、保监会五部委联合发布了我国第一部《企业内部控制基本规范》，要求自2009年7月1日起在上市公司范围内执行，并且鼓励非上市的其他大中型企业执行。《企业内部控制基本规范》的颁布，是我国内部控制体系建设的重大突破，标志着我国内部控制体系建设取得了重大的阶段性成果。

2010年4月26日，财政部、证监会、审计署、银监会、保监会五部委联合发布了《企业内部控制配套指引》，包括《企业内部控制应用指引》《企业内部控制评价指引》《企业内部控制审计指引》，规定自2011年1月1日起首先在境内外同时上市的公司施行，自2012年1月1日扩大到在上海证券交易所、深圳证券交易所主板上市的公司施行，并择机在中小板和创业板上市的公司施行，同时也鼓励非上市大中型企业提前执行。执行内部控制规范体系的企业，必须对本企业内部控制的有效性进行自我评价，披露年度自我评价报告，同时聘请会计师事务所对其财务报告中有关内部控制的有效性进行审计，出具审计报告。

我国企业的内控发展用短短的几十年走完了西方国家两三百年的发展历程（见图 2-1）。虽然我国的内控理论和实践研究发展得还不充分，但我国的经济发展与企业发展为内控研究提供了坚实的基础和丰富的素材，相信我们将会开拓内控理论研究的新领域，拥有内控实践研究的新天地。

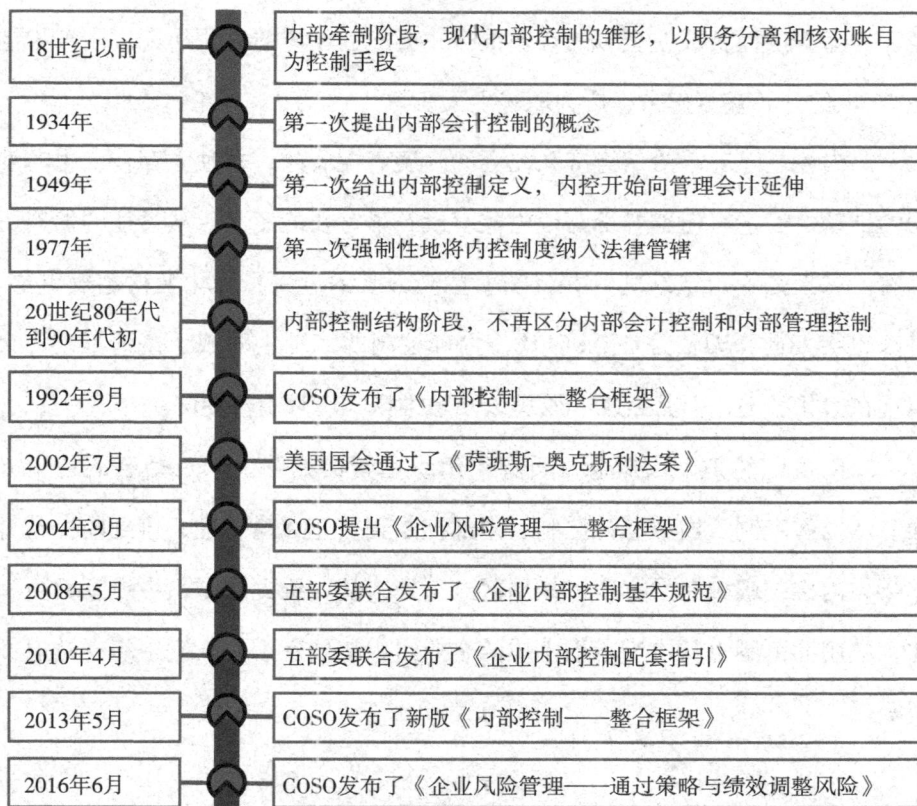

时间	事件
18世纪以前	内部牵制阶段，现代内部控制的雏形，以职务分离和核对账目为控制手段
1934年	第一次提出内部会计控制的概念
1949年	第一次给出内部控制定义，内控开始向管理会计延伸
1977年	第一次强制性地将内控制度纳入法律管辖
20世纪80年代到90年代初	内部控制结构阶段，不再区分内部会计控制和内部管理控制
1992年9月	COSO发布了《内部控制——整合框架》
2002年7月	美国国会通过了《萨班斯-奥克斯利法案》
2004年9月	COSO提出《企业风险管理——整合框架》
2008年5月	五部委联合发布了《企业内部控制基本规范》
2010年4月	五部委联合发布了《企业内部控制配套指引》
2013年5月	COSO发布了新版《内部控制——整合框架》
2016年6月	COSO发布了《企业风险管理——通过策略与绩效调整风险》

图 2-1　中外内部控制发展的里程碑

内控历史总结

对内控历史的梳理给了我们以下三点启示。

1. 内控发端于工业革命，发展于 20 世纪，盛行于 21 世纪。从工业革命开始，社会生产力提升迅猛，促使社会分工进一步深化，从而促进了现代意义上的内部控制的产生。而 20 世纪的经济危机、金融危机对市场中的组织主体产生了现实的生存压力，同时也给内部控制提供了进一步展示自己的机会。伴随着内控实践在全球的普遍推行，再配以相应的理论研究，内部控制在 21 世纪开始盛行起来，广为职场中人所熟知。

2. 内控是随着政治、经济和社会的发展而发展的，非独立存在，也非发展的推动性力量。但这并不是说内控就没有了存在的意义，从过往的发展历程看，内控是不可或缺的，并且随着社会分工的进一步细化变得越发重要。将来也会如此，即使是在 AI 时代，内部控制的范围、领域、技术等也许会跟现在大相径庭，但其目标、原理以及思维模式还是不会变的。

3. 内控已然是个大概念，贯穿于组织运营的始终，涉及社会的各个方面。从内部牵制、内部会计控制、内部控制到企业风险管理，再到内控整合框架，内控的疆域越发宽广，从局部到全局，从一维到多维，由线到面再到体，应用的范围也从作为市场主体的企业组织拓展到了非营利组织、政府部门等。

内控的定义

因为各个国家的管理环境不一，不同国家对内控有着不同的认识和理解，对于内控的定义，国内外有多种表述，主要包括：美国COSO委员会的定义、美国上市公司会计监督委员会的定义、英国特恩布尔委员会的定义以及中国《企业内部控制基本规范》中的定义。

内控的第一个正式概念是1949年美国会计师协会（AIA，现在的美国注册会计师协会，AICPA）的审计程序委员会在"内部控制：一种协调制度要素及其对管理当局和独立审计人员的重要性"中提出的，具体表述为："内部控制包括组织机构的设计和企业内部采取的所有相互协调的方法和措施。这些方法和措施都用于保护企业的财产，检查会计信息的准确性，提高经营效率，推动企业坚持执行既定的管理政策"。

1992年，COSO委员会提出《内部控制——整合框架》，将内部控制定义为："内部控制是受企业董事会、管理层和其他职员共同作用，为实现经营效率和效果、财务报告的可靠性以及对适用的法律、法规的遵循性等目标提供合理保证的一种过程。"1994年，该委员会又对该框架进行了增补。2013年版COSO框架中对内控的定义是："内部控制是一套由组织的董事会、管理层和其他员工全员参与的流程，为组织实现运营、财务报告和遵循性目标提供合理保证。"

1996 年美国注册会计师协会发布了《审计准则公告第 78 号》（SAS 78），全面接受 COSO 报告的内容。新准则还将内部控制划分为五大要素，分别是控制环境、风险评估、控制活动、信息与沟通、监督。

此外，美国上市公司会计监督委员会（PCAOB）也从财务报告形成过程的角度对内部控制做出了定义。在英国，特恩布尔委员会为上市公司执行《综合守则》规定的内部控制原则提供指南，认为内部控制的主要组成部分包括为企业的有效运营创造辅助条件，使企业有能力对阻碍目标实现的重大风险做出反应，另外，还应能确保对内和对外报告的质量，确保法律及企业内部有关业务开展的条例得到遵守。

在我国，财政部、证监会、审计署、银监会和保监会于 2008 年联合发布的《企业内部控制基本规范》将内部控制定义为由企业董事会、监事会、经理层和全体员工实施的、旨在实现控制目标的过程。

《企业内部控制基本规范》在实践中的应用范围包括三类企业，第一类是上市公司，其必须实施。第二类是国有企业。按国资委出台的风险管理指引要求，国有企业要全面贯彻风险管理，而风险管理和内部控制是相通的，最终落脚到内部控制，所以对国有企业来说，内部控制也是必须开展的。第三类是非上市的民营企业，在执行上有较大的自由度。

目前，内控的定义方式有两种，一种是从控制要素的角度进行阐述，另一种则是从原则的角度进行阐述，并且存在由要素向原则转变的趋势。但在现阶段，还是采用要素与原则相结合的方式来定义的，原则是要素下的原则。一如 2016 版风险管理框架虽然放弃了经典的立方体结构，但仍然采用 23 条原则支撑五大要素（详情参见第八章内控工具箱的 COSO 框架）。

定义的解读

全员

　　内部控制是一种全员控制，强调企业全体员工共同参与，人人有责。全员共同参与的内控才是真正的内控，其不单是上级对下级的控制，也不单是对某个部门或某个职能的控制。上至董事长，下至基层岗位的一般员工都是内部控制的主体，只是不同层级的人员或机构，在企业的内部控制中的地位和承担的职责有所不同。

　　董事会作为企业最高决策机构，负责内部控制的建立、健全和有效实施；监事会作为企业监督机构，监督企业董事和其他高级管理人员依法履行职责的过程，对董事会建立与实施的内部控制进行监督；经理层作为企业的执行机构，是企业内部控制的直接负责人，负责组织领导企业内部控制的日常运行；全体员工都应当强化现代管理理念，增强风险意识，发扬主人翁精神，积极参与内部控制的建立与实施，并主动承担相应的责任。

　　内部控制的目的是帮助企业实现组织目标，内部控制的对象是风险。内部控制的实质是对风险的控制，是以风险为导向的控制，风险是内部控制的出发点，同时也是内部控制的落脚点。企业发展过程中，会面对各种各样的风险。这些风险并不是独立存在的，而是存在于企业各个层级和各项业务流程之中的，因此有效的风险控制需要嵌入企业的各个层面和各个部门，与企业的各项业务活动、管理流程相衔接。内控覆盖的范围十分广泛，涵盖企业所有事务，涉及各个层级、各个环节。

不仅是管理层、内部审计机构或董事会，组织中的每个人都对内部控制负有责任。基层员工不能与管理层对立，被动地执行内部控制。企业全体员工应当团结一致，主动维护和完善企业的内部控制。

若把内部控制看作一张网，每个岗位、每个人都是这张网上的一个结点。只有每一个结点牢固了，并以合适的方式连缀起来，才能成为一张真正牢不可破的网。

全过程

相对于结果，内控更关注过程。内控不是一套静态的管理制度，也不是某个一成不变的控制措施，而是动态的管理过程。要在明确控制目标的基础上，识别出影响目标实现的有关风险，并找出关键控制点，进而围绕这些关键控制点制定相应的控制措施并实施这些控制措施，对相关运行情况进行监督与评价，根据发现的问题进一步完善相应的控制措施。

现在，企业生存环境瞬息万变，企业的内控也是一个随着内外部环境的变化而不断发展变化、在运行中不断完善与夯实的动态过程。其只有起点，没有终点，永远在路上。

内控涉及所有的过程与环节。在内部控制中，没有哪个环节是可有可无的，也没有哪个环节不存在风险。实际上，正是一些不起眼的地方最容易出纸漏。所以，内部控制必须覆盖组织运营的所有环节、所有过程，一个都不能少。

　　笔者曾经供职于一家制造型工厂，当时经济形势一片大好，市场供需两旺，商品如是，人员亦然。工厂每天进进出出的操作工很多，高峰时一天有几百人甚至上千人，人员流动性也很强，有的人甚至第一天入职，第二天就离职走了。人力资源部门由于人手不够难以应付这样的工作量，就把工资卡的发放工作交给用人部门来负责。其中有个部门的负责人就利用这一点，留置在短期内入职后又离职的新员工的工资卡，并且虚报工时，冒领工资。

　　内控不仅涉及所有的过程与环节，还涉及这些过程与环节的所有阶段，包括事前、事中、事后。事前控制，就是所谓的"关口前移，预防在先"。事前控制是一种预防性控制，控制者事先通过调查研究，预测风险点及其发生概率，设计预防措施、关键控制点与保护性措施。事中控制是指控制者在实际执行有关控制目标或标准的过程中，及时获得实际状况的信息反馈，以及时发现问题、解决问题。事后控制则是指控制者在实际行动发生以后，分析、比较实际业绩与控制目标或标准之间的差异，然后采取相应的措施防错纠偏，并给予造成差错者以适当的处罚。这三个阶段对内控实施而言都是必不可少的。随着科学技术的进步，模拟预测能力和实时监控能力大大提升，现在的内部控制越发向事前控制和事中控制偏移，力争把问题扼杀在萌芽之前，即种子阶段。

　　总之，内控不是一项制度或者规定，而是一个不断发现新问题、解决新问题的循环往复的过程，是一个持续的动态过程。

组织目标

组织目标是组织完成使命和践行宗旨的载体，是随着环境、时间以及条件变化不断调整的一张"列车时刻表"。它是组织争取达到的一种未来状态，是开展各项组织活动的依据和动力。每一个组织都有自己预期的发展目的或结果，代表一个组织的方向和未来。对组织来说，宗旨是共同目标；对组织成员来说，共同目标是不同阶段需要到达的目的地。

不同组织有不同的目标，组织目标是识别组织的性质、类别和职能的基本标志，对组织的全部活动起指导和制约作用。组织目标具有差异性、多元性、层次性和时间性。

组织目标为组织的前进指明了方向，也为组织的活动确定了发展路线。确定目标是组织制定战略、计划和其他各项工作安排的基础，把笼统的目的化为具体的目标，更有可能实现预期的效益。对管理者来说，目标就好比路标，它指明了组织努力的方向，确定了组织应在哪些领域取得何种成就。

组织必须有一个明确的、贯穿于各项活动的统一目标，这一统一目标通常由若干子目标支持，构成一个目标体系，具有层次结构。例如，一家企业的总体目标要包括：保持一定的利润率和投资回收率，保持开发专利产品的重点研究，使产品占有国外市场，保证高档产品的竞争价格，占据本行业的竞争优势地位等。各个层次的目标相互联系、相互制约，共同反映组织的整体特征。与此同时，目标在反映组织状态的特征方面也不是等同的，而是有主有次。

组织目标是一个体系，它由总的战略目标、长期目标、中期目标和短期目标组成，每种目标的产生和作用都不相同，但是目标与目标之间要保持整体性、一致性。

内控要合理保证企业实现组织目标，这是内控的终极目标。内控要把企业的短期利益与长远利益结合起来，确保企业经营管理符合战略要求，有利于提升可持续发展能力和创造长久价值。

一方面要确保企业能够制定科学合理的战略目标。企业应该根据外部环境和内部机构的变化不断调整，确保战略目标始终指向组织的宗旨，并且将风险控制在组织的风险容忍度之内。另一方面也要采取切实可行的措施来保证企业发展战略的有效实施。要在将战略目标按阶段和内容分解为具体经营目标的过程中，保证目标体系的一致性，使组织、人员、流程与基础结构相协调，要为经营活动制定可计量的基准并对目标的实现情况进行绩效考评。

简言之，组织目标就是内部控制活动的目标，推行内控的目的就是为组织目标的实现提供合理保证。

内控提供合理保证

内部控制无论设计与执行得多么完善，都只能向董事会和管理层提供实现企业目标的合理保证，而非绝对保证。原因有以下几点。

首先，受成本效益原则的制约，当建立和实施内控措施的成本大于风险可能造成的损失时，加强内控得不偿失，反之则进行内控是有价值的。但对于成本或效益的权衡，更多地基于决策者的主观判断。这就使得内控的设置与否依托于决策者的决策质量，主观判断的失误会使必要的控制未能实施，可能造成更大的损失。尤其是小企业或风险偏好型企业，其内控受成本因素制约的现象更严重，而这恰恰是风险发生可能性高且后果严重的领域。

其次，内控制度通常是针对经常发生的或者具有共通性的事务而设置的，具有相对稳定性。但是企业生存的环境是在不断变化的，发生非常规的或未预料到的例外事件是常有的事，甚至随着经营战略的调整或兼并重组或增设新的部门、新的分/子公司等，现有的内控可能会无法全面覆盖或失效，从而降低甚至失去应有的控制力。若不能随着经营环境的变化及时修订、补充和完善相关制度，内控就难以发挥应有的作用。

何况，内控是由人来设计和执行的，设计人员因其知识和经验的限制可能会使内控存在先天缺陷，即使设计完善的内控，也可能因执行人员缺乏控制意识、出现错误的理解和判断、疏忽大意、精力分散等原因而失效。

另外，内部控制有其固有局限性，就算内控的设计和执行都没有问题，也会因串通和合谋，尤其是不相容职务的混同而失效。因为内控本质上是通过岗位的相互分离，在一定程度上避免或防止一个人或一个部门单独从事和隐瞒不合规的行为，因此再严密的内控措施都会因串通而失去控制作用。例如，记账的会计人员和负责钱款进出的出纳人员合谋贪污、仓库保管员与财产记录或核对人员串通造假、关键岗位的员工与供应商或顾客合谋造假等。

内部控制涉及企业中所有层级、所有人员，处于不同层级的人员或部门在内部控制系统中可能拥有大小不等的业务处理与决定权限，也就是说，任何控制程序都不能完全阻止那些负责监督控制的管理人员滥用或不正当行使职权的行为。超越职责权限会打乱正常的内控程序和业务流程，为徇私舞弊、违法乱纪行为的发生埋下隐患，如果高级管理人员凌驾于内控之上，那么造成的危害会更大。高级管理层是内部控制体系的设计者和执行的管理者与监督者，一旦超越内控设定的权限，控制程序就难以阻止其行为，导致控制程序失效。实践中，高级管理层越权往往是重大舞弊案件或虚假财务报告发生的重要原因。

因此，内控制度的建立和实施不可能消弭一切风险，只能降低风险，其只能为组织目标的实现提供合理的保证，而非绝对保证。所有的内控都不是完美的，内控只有更好，没有最好。内控永远在路上，没有终点。

无论如何，内控应当贯穿决策、执行和监督的全过程，覆盖企业及其所属单位的各项业务和事项，对企业实行全方位、全过程、全员的控制，不能留有控制的空白点和盲区。在全方位扫描的前提下，可有所侧重，关注重要业务事项和高风险领域，如"三重一大"决策事项。

内控的设计原理要求企业在治理结构、机构设置、权责分配和业务流程等方面相互制约、相互监督，使任何一方都不能独占优势、过分自由。但在这种情况下，也需要兼顾经营效率，要既相互制衡又相互配合，既相互牵制又相互协调，尽量减少矛盾和内耗，保证经营活动的连续性和有效性。同时，还需要与企业的经营规

阅读笔记

模、行业特性、竞争状况和风险水平相适应，并根据企业环境的变化做适时适当的调整与完善。

概念辨析

内控与公司治理

内部控制与公司治理都源自委托－代理关系。只是，公司治理更侧重于整体把握，关注所有者对经营者的监督与控制，关注责权利的均衡与对等，多作用在法律层面上，是制度经济学和产权经济学的研究领域；而内部控制既包括所有者对经营者的监督与控制，重在厘清董事会、监事会和管理层的控制权、监督权与执行权，也更多关注对经营过程的控制，关注内部具体经营和生产的管理，关注不相容职务的分离，主要是管理学、会计学和审计学等学科的研究范围。

公司治理体现的是在所有者、董事会、监事会和经理层之间的责权利划分清楚之后，作为经营者的董事会和经理层为了更好地履行他们所承担的受托责任，而做出的面向次级管理人员和员工的控制。简言之，公司治理要解决的是第一个层次的控制，而内部控制是第二个层次的控制。但第一个层次控制的效果直接影响第二个层次控制的建立和实施。内部控制是公司内部人的约束机制，制衡公司内部各种权力，协调股东、管理者和广大员工的既定利益，从而使他们有效地履行职责，它是一种内部制度的安排，也是一个实践过程，是精心设计的协调机制和激励机制。良好的内部控制只有在规范、合理的公司治理下才能够发挥效能，并且内部控制制度需要随着公司治理结构的变化而变化。

如果单独做内控，一来没有意义，二来也没法做，需要将内控与其他环节结合起来。举例来说，和精益生产结合时，我们要控库存、控过程、控生产、控物流、控动作、控人员、控产品、控时间；和六西格玛结合时，内控要定性，然后定量，再根据定量结果进行分析，再改进及改进后再控制；和瓶颈理论相结合，就是把控变量与变量之间的控制、识别变量与变量之间的关系。这样的内控才能落地生根，否则为内控而内控，会成为水中浮萍、空中楼阁。

另一方面，公司治理结构效能的发挥又取决于公司内部控制的好坏，需要以内部控制为手段，将治理目标具体落实。若公司内部控制的实施和运行不理想，则公司治理的目标很难实现，公司治理很难起到约束和激励的作用。

内控与风险管理

COSO 委员会 2003 年 7 月完成的《全面风险管理框架》中对风险管理进行了定义：企业风险管理是一个过程，是由企业的董事会、管理层以及其他人员共同实施的，应用于战略制定及企业各个层次的活动，旨在识别可能影响企业的各种潜在事件，并按照企业的风险偏好管理风险，为企业目标的实现提供合理的保证。而

2016 年的修订稿认为企业风险管理是"组织在创造、维护和实现价值的过程中，进行风险管理所依赖的、与战略和执行紧密结合的文化、能力和实践"。

新框架旗帜鲜明地指出了风险管理与内控的关系，指出了 2013 年 COSO 涵盖五大单元和 17 项原则的内部控制框架，并不会被新框架所取代。但是全面风险管理涵盖了比内控更多的内容，比如在战略制定、治理结构、与利益相关者沟通、绩效评价等方面有所不同。

确实，内部控制与风险管理二者之间既有联系也存在着区别。企业的内部控制体系是企业全面风险管理体系中重要的组成部分，而内控体系建设的动力正来自于企业对风险的认识和管理。具体来讲，两者的联系体现在以下方面。

1. 全面风险管理涵盖了内部控制。2016 年 COSO-ERM 修订版（征求意见稿）中明确指出内部控制是风险管理的一个不可分割的子集。从时间先后和内容上来看，全面风险管理是对内部控制的拓展和延伸。内控是基础，风险管理是建立在内控基础之上的具有更高层次和更综合意义的控制活动。

2. 内部控制是全面风险管理的必要环节。内部控制的发展动力来自企业对风险的认识和管理，对企业所面临的大部分运营风险或企业所有业务流程之中的风险而言，内控是必要的、高效的和有效的风险管理方法。离开良好的内控系统，所谓风险管理只能是一句空话。

3. 从国内的管理实践来看，多是内控先行，再逐步开展全面风险管理。通过内控体系建设，在组织架构的完善、人员经验的积累、内控流程的记录等方面做好准备，可为公司以后开展全面风险管理打下坚实的基础。

二者的区别体现在以下方面。

1. 范畴不一致。内部控制仅是管理的一项职能，虽然控制关口已经悄然前移，但目前主要还是通过事后和事中的控制来实现目标；全面风险管理则贯穿于管理过程的各个方面，控制的手段不仅体现在事中和事后的控制，更重要的是在事前制定目标时就充分考虑到存在的风险。而且，在两者所要达到的目标上，全面风险管理多于内部控制。全面风险管理除了包括内部控制的目标，还增加了对战略目标的考量。内部控制则主要通过防范性的措施降低企业内部各种风险，侧重于财务和运营领域。全面风险管理要通过前瞻性的视角积极预防和应对企业内外各种可控和不可控的风险，重点关注战略、市场、法律等领域。

2. 活动不一致。全面风险管理的一系列活动并不都是内部控制要做的，二者最明显的差异在于内部控制不负责企业经营目标的具体设立，而只对目标的制定过程进行评价，特别是对目标和战略计划制定当中存在的风险进行评估。

3. 对风险的对策不一致。全面风险管理引入了风险偏好、风险容忍度、风险对策、压力测试、情景分析等概念和方法，有利于确保企业的发展战略与风险偏好相一致，增长、风险与回报相联系，从而进行经济资本分配，并利用风险信息支持业务前台决策流程。这些内容都是内部控制中没有的，也是内部控制不能做到的。

不过，从国际国内发展趋势来看，随着内部控制与风险管理的不断完善和更加全面，它们之间必然会相互交叉、融合，直至统一。

内部控制的设计和执行应该针对风险管理的要求，而对风险的

阅读笔记

管理很大程度上依赖内部控制的设计和执行。所以，内部控制和风险管理在很多领域是互相渗透的，目的也都是为了增加企业价值。从内部控制与风险管理的关系中我们可以看到，内部控制是风险管理体系的一个分支，风险管理是内部控制在功能和范围上的延伸，是一种更大范围的前置控制体系。从现代内部控制的理念来看，内控要与企业的战略管理相一致，内控关口要前移，未来内控会进一步向风险管理延展，以适应这样的变化。

第三章

关于内控的误读

内控控制是一门很年轻的学科，理论研究与实践探索的时间都不长。内部控制这个名词的正式提出尚不足百年，而在国内的发展则更为短暂。截至目前，国内开设内部控制专门课程的大学还很少，甚至连从事企业管理研究的教授们对其也知之甚少。

内控也是一个新兴的职业。虽然近十年来内控从业人员的人数有较大增长，但与庞大的就业人数相比，只不过是沧海一粟。苏州一地区性招聘网站一年内发布的内控类职位寥寥数十个，就连51job这样跨区域的招聘网站上发布的内控类职位也就区区200个左右，约为财务类职位的十分之一。由此可见，国内的内控实践还称不上成熟与完善。

正因为内控这个职业很新，还处于理论研究和实践探索的初期，还处于"野蛮生长"的阶段，各种学说、观点令人目不暇接。对于大众来说，内控到底是什么，依然众说纷纭。说内控就是写制度的有之，说内控就是不让人好过的有之，说内控就是内控部门刷存在感的有之，说内控是消防队员的有之，还有的说内控只是老板的事，甚至说用不着内控。本章就详细解读一下这六种主要的误读。

误读之一：内控就是写制度

我国战国时期的孟子说过"不以规矩，不能成方圆"。可见，内控制度由来已久，只是内部控制这一概念的提出发生在最近一百年。

在制造业外企，从业人员说得最多的是 SOP，即所谓的标准作业程序。从生产部门到仓储部门，从研发部门到工程部门，从生产计划部门到销售部门，甚至是后勤支持部门，如人事、行政、财务、法务等，标准作业程序随处可见，比比皆是。表现形式各不相同，在制造部门可能表现为取物料的具体手法，质量部门可能表现为倾斜 45 度角，仓储部门可能表现为货架的摆放顺序和栈板的堆叠层数，研发部门可能表现为堆叠试验、抗震试验……

而在国有企业，标准作业程序则更多地体现为上了墙的制度，强调按职能划分权力。除了这些白纸黑字明明白白的制度之外，还有没有明确列出的各式规定、操作惯例，甚至是领导批示。笔者是在国企践行五部委制定的《企业内部控制基本规范》及其配套指引的背景下进入国企负责内控工作的，可谓目睹了国企的内控制度建设从 0 到 1 这个过程，也亲历了普通员工对内控、对制度的认知过程及产生的困惑与迷茫。

在非内控从业人士或者是对内控没有深刻认识的人看来，内控就是写制度，理流程。首先，企业出了事情，查清原委，处理责任人之后，接下来要做的一件事就是弄个制度、上个流程或改个系统设置、加个控制，以避免类似的事再次发生，是为事后补救。通俗点说，就是"扎篱笆"，或叫"亡羊补牢"。其次，新业务推广之前，有关人员先要召集各个相关部门和人员，坐下来开个会，把如何对接、如何操作明确下来，或者成立个项目小组明确各部门的联络窗口，或者举行定期会议协调各种事务。若在具体的业务执行过程中不见内控人员的身影，那在这种沟通过程与解决机制的确立过程中基本都可以看见内控人员的身影。并且，一旦尘埃落定，最先站出来的也是内控人员，让大家把制度流程捋一捋，固化下来，以后就照章办事。在信息技术大发展之后，这些纸面上的靠人工和职位分离等实现控制的环节便转变成了系统中的角色或逻辑，并以此来设置控制点和控制者。信息系统的建立过程，理论上应该有内控人员参与，实际上也确实如此。就算一切太平无事，一年至少还有一次内控制度的梳理、修订，一年至少还有一次内控审计。内控审计的立足点和出发点从制度开始，兜兜转转之后，最终回归制度。

制度和流程之所以能如此流传开来，成为企业乃至各类组织的必需品是有原因的。

首先，制度清晰地展现了操作的步骤、要求和规范。对基层操作人员来说，只需"循规蹈矩"便可以达成主要的工作目标；对各级管理人员来说，既可以简洁方便地检查下属员工的工作质量，又可以保证下属员工的工作效率和效果，基于这样的制度取得的工作成果也是符合其上司的目标要求的。

其次，制度和流程可以帮助实现标准化，消弭作业的不同执行者所导致的差异，尤其是补足能力不足者的自由裁量短板。一般而言，任务越具体，可自由裁量的空间越小，甚至完全没有。

更重要的是，制度和流程完美地固化了运营管理中的先进经验，极大地提高了经营管理的效率。况且，制度和流程是基于组织结构和战略框架而设计的，能保证组织管理的最终指向与目标。

正因如此，目前我国的各个部门与行业都在完善制度，执行制度。所以，在大家看来，内控就是写制度，做流程。

从上面的阐述来看，出现这样的误读其实很正常。实际来看，制度之于内控可谓不可或缺。制度是内控的外在表现，也是内控实际起作用的抓手。

虽然制度用途广泛，是组织运营的必需品，但内控也绝不等同于制度。内控是因，制度是果，制度是因内控而生，随内控而变。内控是一项综合性的管理活动，是动态的、全员的。

误读之二：内控就是不让人好过

也许在很多人看来，内控管头又管脚，似乎每一步都有规定的流程，要经适当的审批，要留存必要的书面资料。明明是一个人就可以处理的事情，还非得让两个以上的人做。做内控的人经常听到这样的话："照你们这么要求，我们得再招多少人才行啊！""你们增加了我们的工作量。"

内控的设计原理之一是基于不同岗位进行相互牵制与监督，实现风险的可控，防止个别人、个别岗位的舞弊等风险。内部牵制是内部控制的最初发展形式，其前提是对"人性"的不信任。正如蒙哥马利在《审计理论与实践》一书中所说，所谓内部控制是指一个人不能完全支配账户，另一个人也不能独立地加以控制的制度，即某位职员的业务与另一位职员的业务必须是相互弥补、相互牵制的关系。内部牵制也是现代内部控制的重要方法和原则，是组织机构控制、职务分离控制的基础。

在以生存为主要目标的中小企业组织里，信任是其存续的基础，基于不信任的内控并不受欢迎。就算有监督，也多是基于公司章程、合伙协议的粗略约定，而非渗透到日常操作细节的监管与制衡。这也是令中小企业经营管理者所备感困扰之处。

内控需要围绕企业经营管理的重心而动，是动态多变的。内控不能一贯制，其核心原则就是因时因地制宜。内控要注意抓主要矛盾，关注主要风险，针对不同的内控环境选用不同的方法、工具和形式。内控的实质是唯一的、恒定的，这是"内"，内控的形式是多样的、变化的，这是"外"。推行内控是内形于外的过程，而非另起炉灶，再做一套系统。即使真的这么做了，这样的内控也是活不长久、活不好的。

现在是信息时代，尤其是近十年来，网络信息技术的兴起与蓬勃发展，给我们的企业内控增添了系统化的特色。有借此提高自动化水平的想法，也有借此降低人工成本的考虑，更有实现系统控制的意图。我们通常会发现内控做得好的组织系统化之后会如虎添翼，效率大增，而仅仅企图通过系统化让企业起死回生或脱胎换骨的组织，只会落得人财两空。这使得有些人认为"不上系统是等死，上了系统是找死"。事实上，单凭这一点就将企业的失败全部归罪于信息化、系统化及连带着的内控，这实在有些以偏概全了。

内控管理确实是一个导致企业成本上升的因素，至少它会增加人工成本，还可能会降低管理效率。但内控做得好，有助于企业的路走得更稳、更宽、更长远。任何一家百年老店，其内控都不会差。

误读之三：内控就是内控部门刷存在感

内控就是内控部门刷存在感。这对外企或民企来说可能性不大，这跟机构设置的过程有关。即使在部分民企里，因为老板们头脑发热而设立了内控部门，但若内控部门沦落到刷存在感的地步，基本上出于盈利的现实考虑，它也很快会销声匿迹。但在国有企业里其倒是有存在的可能。

究其原因有二。原因之一是内控部门的设立并非出自实际管理的需要，而是来自监管部门的要求。尤其是在 2008 年《内部控制基本规范》及其配套指引颁布之后，几乎所有的国有企业都陆续进行了相应的机构设置。因为是为内控而内控，除有些把这样的行政命令真正内化为管理需要的以外，大部分内控就沦落为内控部门刷存在感了。而在某些"拉郎配"式的企业兼并重组的集团公司中，也不乏为内控而内控的现象。在这些集团的子公司看来，集团只不过是借内控来宣示一下股权，刷一刷存在感。

原因之二在于内控部门没能真正起到内控的作用。其原因可能是多方面的，也许是决策机构没有足够的认识，不支持；还可能是内控部门不给力，毕竟内控的研究和实践才刚开始，国内的从业人员数量不多，有经验的从业人员更少，并不能在短时间内让决策机构坚定推行内控的决心。于是，内控部门就成了"可悲的摆设"，只能通过一些表单来自娱自乐，最终被职能部门认为只是在刷存在感。

"成功者为成功找方法，失败者为失败找借口。"也许原因有很多，但内控部门总归要为如此局面负责，内控人员也要用职业生涯为此买单。实际上，我们并不是什么都不能做，至于如何来做，本书会在后面的章节提供操作建议。

但内控部门的存在，对组织内的人员多少是个提醒——"请小心，有内控出没。"

阅读笔记

误读之四：内控就是消防队员

企业出了状况，发生危机，基本上都能见到内控人员的身影，他们要找出问题，针对性地制定整改措施，给制度流程"打补丁"。

一方面，这跟我国企业内控发展所处的阶段有关系。我们的内控出于企业自身运营与发展需求的很少，大多数都是出于监管的需要，比如上市公司、国有企业、行政事业单位等这些组织的管理层对内控作用的认识并不全面。国企如是，外企何尝不是。美国企业多要求内控人员掌握 SOX404 条款[①]，汽车行业要求相关人员知晓 TS16949[②]。除了监管体系有这样的硬性要求之外，也和这些企业内控的主要目标为合规目标有关系，毕竟这些企业的管理体系相对完善。

另一方面，因为缺乏操作经验，欠缺历史积淀，内控还未能形成体系，多是救火式的，对现有的体系进行修修补补。

还有，鉴于中国企业在全球企业管理史上的发展地位，我们虽有自己的特色，但更多的是在西方经济学、西方管理学的基础上进行摸索，所以我国企业管理制度离成熟还尚需时日。这样有好处也有坏处。好处是我们永远在进步，一天比一天好；坏处就是我们还不够好，没有成熟的内控体系可以照搬套用，也没有成熟的内控体系可供复制推广。所以，我们也是在"摸着石

---

① SOX404 为 Sarbanes-Oxley 法案的 404 条款：内部控制的管理评估。

② TS16949 是国际标准化组织（ISO）于 2002 年 3 月公布的一项行业性的质量体系要求，它的全名是"质量管理体系——汽车行业生产件与相关服务件的组织实施 ISO9001 的特殊要求"。

头过河"，救火式的内控成为了常态。

内控可以应急，也应该应急，但长效机制的建立是我们更需要关注的领域。我们需要定期或不定期地检视我们的内控体系，做整体的调整，把应急时打的补丁嵌入整体框架中去，变成内控体系的有机组成部分。健全而有效的内控，应该是无缝嵌入企业的生产、营销、财务等各部门各环节工作中的，这样才能充分发挥内控的作用。

误读之五：内控是老板的事

这应该是最常见的一种误读了。内部控制嘛，被控制的当然是员工了，老板才是主宰。这句话说对了一半，决策层、高级管理层在内控管理中确实起决定性作用，但这并不意味着内控只是老板的事。内控是全员的事。

有这样的误解，是因为实施内控的真正动力来源于老板，即股东、董事会、高级管理层，即出资人或实际管理人。内控的目标是：合理保证企业经营管理合法合规、资产安全、财务报告及相关信息真实完整，提高经营效率和效果，促进企业实现发展战略。而这些恰恰都是老板们才会关心的事情，也都是老板们才需要关心的事情。实际上，内控也多是自上而下，通过组织设计、考核目标要求或管理控制点的建制来实现的。

内控看似是老板的事，实则是全员的事。内部控制，是指由企业董事会、管理层和全体员工共同实施的、旨在合理保证实现企业基本目标的一系列控制活动。在有些企业，尤其是国有企业和民营企业，还有种看法认为内控是内控部门的事，美其名曰"让专业的人做专业的事"。实际上内控机制从来都不是在现有的管理体制之外另起炉灶再搞一套制度，而是要运用内控的思维与工作方法，对现有的管理体制进行增补。对现有管理体制的调整与改良，极少数情况下可能会革了部分管理体制的命。内控也从来都是各决策机构、各职能部门、各岗位以及各位员工的事，是大家可以管也应该管的事。

企业上下都必须遵守内部控制制度及规定，包括制定内部控制制度及规定的最高管理当局，也必须遵守其相关内容。内部控制是否有效，与企业领导是否重视、是否带头执行有很大的关系。一些企业的内部管理混乱，是因为一部分高级管理人员破坏内控制度，比如职责分离、授权批准等制度。

误读之六：我们公司没有内控

经常听到有人说，我们公司没有内控。说实话，从业的前几年，笔者也曾经这么说过。后来我发现这是一种误解。任何一个组织，哪怕是个体工商户，也都有内控。没有的只是事务所照搬出来的 COSO 框架，没有的只是一些企业或大型组织中那么多的制度、规定、总结或报告。对于民企、私企等，老板们当然知道怎么控制自己的员工、自己的企业，并且方法还很多，只不过人家不把这个叫内控罢了。按照实质重于形式原则，这才叫真正意义上的内控。

内控的目的是什么？内控的终极目标是合理保证组织目标的实现。开个小店，若目标是为了赚钱，那得想方设法让收入大于成本，若是为了转卖，总要使买入价低于售出价。这也是内控。

静下来，想一想，内控其实无处不在，没那么高深，也没那么复杂。内控，你我皆可为。

斯蒂芬·茨威格在《异端的权利》中有两段话："（卡斯特利奥与加尔文）在这场战争中，存在着一个范围大得多并且是永恒的生死攸关的问题。""每一个国家，每一个时代，每一个有思想的人，都不得不多次确定自由和权力间的界标。因为，如果缺乏权力，自由就会退化为放纵，混乱随之发生；另一方面，除非济以自由，权力就会成为暴政。"科学发展的意义，正在于改变人类原有的认识。因此，选择错误是一种权利，否则就没有了科学探索的合理性。

第四章

内控的角色定位

从制度经济学的角度来看，由于交易成本的存在才使公司这样的组织形式得以出现，以低组织成本来替代高交易成本。因此所有的公司都有降低公司组织成本的原始冲动，进而就出现了职能分工及制度流程。为了避免风险，内部控制应运而生。

大千世界，芸芸众生，千人千面，百人百姓，公司各具特色，内控也就随之各有不同。公司的设计者对内控的理解各异，公司的实际需求不一，内控部门的角色定位也就不尽相同。以下是关于内控角色定位常见的几种论述，实践中，内控也可能会综合扮演几种角色。

组织的把脉人

如果说组织架构是企业的骨架，那么内控就是企业的脉搏。钱、财、物、信息在企业系统内流动得是否顺畅，都可以由内控系统窥见一斑。

有的控制点没有控制或疏于控制，可能会导致组织系统"气虚体衰"，甚至"危及其性命"；有的流程不通，可能会导致组织运营效率低下甚至造成堵塞；有的信息沟通不到位，可能会导致"末梢供血不足"或下情不能上达。如此种种，皆可由内控看出端倪。

内控部门可以充当组织的"把脉人"，及时发现组织的隐忧，防患于未然，该堵的堵，该疏的疏，该管的管，治组织于未病。然而，内控部门要当个好"医生"也不是件容易的事。第一要有仁心。但凡能把内控做好的人，基本上都是好人，有高尚的道德，为人淡泊，还得爱操心不嫌麻烦。

第二要用心。海恩法则（Heinrich's Law）是飞机涡轮机的发明者帕布斯·海恩提出的在航空界关于安全飞行的法则。海恩法则指出：每一起严重事故的背后，必然有29起轻微事故和300起未遂先兆以及1 000起事故隐患。法则强调两点：一是事故的发生是量积累的结果；二是再好的技术，再完美的规章，在实际操作层面，也无法取代人自身的素质和责任心。在飞行安全上如此，在企业管理上也是如此，在一家公司走向失败的路上，小问题、小隐患很多，内控人员要能注意到这样的先兆和警示。只有细心查验，方能见微知著、防微杜渐，找出问题的根本所在，才能对症下药，药到病除。

第三要简便效廉。药方要少而精，否则药味混杂，不仅无益于病，而且有害于身。务求辩证精当，用药准确，注重疗效。要务实，而不要夸夸其谈；要招式精熟、避繁就简，而不能银样镴枪头，中看不中用。

随着内控这一岗位的兴盛，内控第三方机构也越加发达，遍及内控咨询、内控方案设计、内控审计等业务领域。并不是由第三方机构提供的内控服务就一无是处，也不是笔者想一棒子打死这样的第三方机构，但根据笔者多年来的内控经验和短期的咨询经验来看，这样的第三方服务往往都昂贵无比，并且仅仅依靠第三方机构的服务而不培育自己的内控管理能力，对公司来讲可能有百害而无一利。正如中医所说，扶阳正气、固本培元，最终要的是培养自身的抵抗力。只有组织内部的人慢慢培养自身的能力，内控才会更加有实效。为什么呢？根本原因就在于其辩证精当、用药准确、疗效好。

组织变革的催化剂

组织变革是指运用行为科学和相关管理方法，对组织的权力结构，组织规模，沟通渠道，角色设定，与其他组织之间的关系，组织成员的观念、态度和行为，以及成员之间的合作精神等进行有目的的、系统的调整和革新，以适应组织所处的内外环境、技术特征和组织任务等方面的变化，提高组织效能。

组织的内外部环境时刻在变化，如国民经济增长速度的变化、产业结构的调整、政府经济政策的调整、竞争观念的改变、科学技术的发展引起产品和工艺的变革、行业生命周期的变化、组织资源的不断整合与变动等。这些变化必然要求企业组织做出适应性的调整。

推动组织变革，最重要的是董事和高级管理层要有完善的计划与实施步骤，以及对可能出现的障碍与阻力有清醒的认识。

内控可以充当组织变革的催化剂。在化学反应里能改变反应物化学反应速率（提高或降低）而不改变化学平衡，且本身的质量和化学性质在化学反应前后都没有发生改变的物质叫催化剂（固体催化剂也叫触媒）。催化作用在希腊语中的意思是解去束缚。不管有没有内控这个催化剂，组织变革这种化学反应都会发生，只是速度的快慢、强度的大小不同而已，但若有了内控，就会让过于缓慢的组织变革来得迅猛一些，也可以让过于剧烈的组织变革来得温柔一些。一般来说，组织变革通常治的是企业的慢性病，是一项"软任务"，即有时候组织结构不改变，企业也能运转下去，但如果要等到企业无法运转时再进行组织结构的变革就会为时已晚。

企业管理者必须提前察觉组织变革的征兆，及时进行组织变革。当企业出现以下征兆时，管理者应及时进行组织诊断，以判定企业组织结构是否有必要变革。

1. 企业经营业绩下降，如市场占有率下降，产品质量下降，消耗和浪费严重，企业资金周转不灵等。

2. 企业生产经营缺乏创新，如企业缺乏新的战略和适应性措施，缺乏新的产品和技术更新，没有新的管理办法或新的管理办法推行困难等。

3.组织机构本身病症的显露，如决策迟缓，指挥不灵，信息交流不畅，机构臃肿，职责重叠，管理幅度过大，人事纠纷增多，管理效率下降等。

4.职工士气低落，不满情绪增加，如管理人员离职率增加，员工旷工率及病、事假率增加等。

确定要进行变革后，企业面临的首要问题就是选择组织变革模式。有两种比较典型的组织变革模式：激进式变革和渐进式变革。激进式变革力求在短时间内，对企业组织进行大幅度的全面调整，以求彻底打破初态组织模式并迅速建立目的态组织模式。渐进式变革则是通过对组织进行小幅度的局部调整，力求通过一个渐进的过程，实现初态组织模式向目的态组织模式的转变。还有另外一种介乎两者之间的变革方式——计划式的变革。这种变革方式是通过对企业组织结构的系统研究，制定出理想的改革方案，然后结合各个时期的工作重点，有步骤、有计划地加以实施。这种方式的优点是：有战略规划、适合公司组织长期发展的要求；组织结构的变革可以与人员培训、管理方法的改进同步进行；员工有较长时间的思想准备，阻力较小。

企业要想进行有计划的组织变革，需要由专家进行分析判断、制定长期规划，并且全员参与。内控人员作为企业内部的专家，可以引导这个变革过程。

企业紧密围绕其关键目标和核心能力，充分应用现代信息技术

阅读笔记

对业务流程进行重新构造，这是流程主导性变革。这种变革会使组织结构、组织文化、用户服务、质量、成本等各个方面产生重大的改变。近 20 年来，我国企业陆续进行了流程改造与信息系统整合的组织变革，我们就以此为例来讨论内控在其间的作用与定位。

出于对经营管理控制点的关注和对效率提升的要求，内控部门通常是最迫切希望进行流程改造和信息系统整合的部门，这无形中对这部分组织变革起到了推动作用。内控部门通常比较了解企业内各职能部门与分支机构的问题所在，知道如何说服它们进行这项变革；也知道如何应对那些企图阻碍变革的部门。

在信息系统设计与上线前，内控部门通常可以利用自身的知识与信息优势，帮助企业理顺岗位之间、部门之间、流程之间的关系，让它们相互制约、相互依靠。这样相关人员在信息系统上线之初就能从规划上清晰设计系统的运行路径和方式，使其具备实际运行的可行性，可以在实现内控目标的同时兼顾运行的便利和效率。

进入流程改造与信息系统整合的实施阶段，内控部门也可以在其间发挥项目的推动和监督作用，让项目能按时、按计划完成。若遇调整与改动，也可再次审视其内控有效性，防止别有用心的部门通过实施阶段的变动绕过内控，或无意间留下控制缺陷。

在实际上线运行之后，内控人员可以联合内部审计部门或自行对该变革项目组织评价工作，总结经验和教训；也可以在适当时候予以修改，以适应新情况、新变化。

更多关于管理信息系统的部分笔者将会在第八章另作探讨，这里不再赘述。

组织的守护者

公元 800 年，法兰克王国的查理大帝一统西欧，被教皇加冕为"伟大的罗马皇帝"，12 名跟随查理大帝南征北战的勇士被人们称为"帕拉丁"（Paladin），即圣骑士。其实，查理大帝手下的这 12 名武士尚不能被称为骑士，因为他们所秉承的依然是蛮族人的战斗精神。

真正意义上的骑士是从公元 8 世纪下半叶欧洲进入封建时代以后出现的。越来越多的武士在对土地财产的追求过程中，渐渐形成了一个附庸于大贵族的特定阶层——骑士阶层。此后骑士制度在整个欧洲获得了进一步的发展。虔诚的美德，扶弱济贫的道德精神，以及原来那种武士的荣誉、忠诚和勇敢的品质结合在一起，便构成了骑士精神或骑士理想。它是中世纪人的观念和行为的最高标准和完美榜样，也是力量与正义的象征。

内控是企业组织中的骑士团。其存在的意义在于帮助组织或董事会和管理层达成目标。但内控人员会坚守自己的道德准则，对待所有人都谦和有礼，敢于挑战，维持公平正义，内控人员基于使命，运用自己的力量守护组织。内控人员会基于组织目标，设定适当的内控目标，帮助职能部门和分支机构优化作业流程，进行适度控制，完善管理机制，使其免受外界"恶魔"的侵扰。

只是内控从业人员要警惕被"魔化"。首先，内控从业人员要把心中的那杆秤摆好，秤砣就是公平、正义和道德。一些出了乱子的企业，在没曝光之前，会出现一些有意思的现象，那就是财务、内审、监察、内控或其他有类似职能的部门与机构的负责人频繁更迭。所谓"春江水暖鸭先知"，这些人员对企业组织是否规范运营有着天然的识别能力，出于对职业风险的把控，他们会在危机爆发前离开"是非之地"。

另外，内控从业人员要辨明是非，不仅要聪明、精明，还要高明、英明；要能透过事物的表象看清事物的本质，懂得权衡取舍。若能运筹帷幄，善于取势，则可力挽狂澜，成就事业。

目标：鹰＋海豚

菲尔·格里夫茨在《风险导向内部审计》中有关于以动物来类比内部审计人员形象的描述，如可靠勤奋的驴子、强壮凶猛的狮子、隐匿等待的蛇、忙碌的蜜蜂、可爱的考拉、善于团队合作的蚂蚁、忠实的狗、聪明随和的海豚和庄严翱翔的鹰。我最认同两种动物：鹰和海豚。其实，内控人员和内审人员的角色定位十分相似。

鹰：在自己的领域庄严飞翔，监视周遭环境，并在必要时采取措施一举处理掉所有问题。

海豚：聪明、随和、反应迅速，受到大家的喜爱。

内控是董事会与管理层的咨询师与教练，一定程度上也是代言人，内控部门与业务部门是合作伙伴，二者是发现问题、解决问题的合作者。内控部门与内审部门则"同是天涯沦落人"。对内控人员来说，首先得是海豚，不求人见人爱，也要博得亲切随和、沟通能力强、善于协作的好口碑。当然，可爱如海豚还不够，也得像鹰隼一样飞得高、看得远、看得全，时刻保持警惕，必要时迅速出击，一击必中。

第五章

内控控什么

如果说内控的目的是让企业活着，活得好、活得长，那么，到底需要控什么才能达到这个目的呢？"授人以鱼，不如授之以渔。授人以鱼只救一时之急，授人以渔则可解一生之需。"本章就对内控的"鱼"和"渔"进行论述。

风险

内控要控的就两个字：风险。

风险是什么？

关于"风险"一词的由来，最为普遍的一种说法是，在远古时期，以打鱼捕捞为生的渔民们，每次出海前都要祈祷，祈求神灵保佑自己能平安归来，其中主要的祈祷内容就是让神灵保佑自己在出海时能风平浪静、满载而归；他们在长期的捕捞实践中，深深地体会到"风"给他们带来的难以预测、无法确定的危险，他们认识到，在出海捕捞打鱼的生活中，"风"即意味着"险"，这就是"风险"一词的由来。

现代意义上的风险一词，已经大大超越了"遇到危险"的狭隘含义，而是指"遇到破坏或损失的机会或危险"。经过两百多年的演绎，风险一词越来越被概念化，并随着人类活动的复杂性和深刻性而逐步深化，并被赋予了哲学、经济学、社会学、统计学甚至文化艺术领域的更广泛、更深层次的含义，且与人类决策和行为的后果联系得越来越紧密。风险一词也成为了人们生活中出现频率很高的词汇，尤其是在快速发展变化的现代社会里。

广义的风险是指在特定的客观条件下，特定时期内，某一事件的实际结果相较于预期结果的变动程度，变动程度越大，风险越大，反之，则越小。狭义上说，风险是指可能发生损失的不确定性，强调可能存在损失，而这种损失是不确定的。风险的不确定性是指，不知道其会在什么时间、什么地点、在什么样的情况下发生，也难以预测损失的严重程度，比如日本福岛的核泄漏、美国的经济危机等。本书采用广义的风险定义。

风险的存在可能产生两种结果，损失或收益，据此我们可以将其分为纯粹风险和机会风险。纯粹风险只会带来损失，不会带来收益；而机会风险既可能带来损失，也可能获得收益。如地震、火灾所造成的损失，就是纯粹风险，它只会给企业带来损失，不会有收益。若投资股票，则可能造成损失，也可能获得收益，这就是机会风险。

以上是按风险的性质分类。按不同的分类方法，风险还有很多分类结果，比如按内容分为战略风险、运营风险、财务风险等；按产生原因分为自然风险、社会风险、政治风险、经济风险、技术风险；按风险标的分为财产风险、人身风险、责任风险、信用风险等。我们对风险分门别类，只是为了更好地认识风险，更好地管理风险。

举例来说，财务风险是指因企业资本结构不合理、融资方式不当导致企业没有偿债能力而产生的风险。财务风险的来源主要是负债。负债有有利的一面，它可以在一定程度上起到财务杠杆的作用。但运用不当，负债比例太高，杠杆率太高，再遇到经营不善，资金流不充裕，企业的还本付息的压力就会很大，就会产生破产的风险。几乎所有企业倒闭的原因都是资不抵债。当然，财务风险除主要来自于负债之外，包括现金流风险、资金管理风险、预算管理风险、会计与报告风险、成本费用风险、担保风险、税务管理风险、关联交易风险和资本运作风险等。通过这样的分类，可以让管理者更容易把握所要控制的风险点。当然，这只是便于人类认知而已，风险从来都不会严格按照人类的分类来呈现。

对不同的行业、不同的企业，风险的主要构成也不相同。即便构成相同，其包含的内容也不可能完全相同，所以内控要控制的内容也就不同，控制的方式方法也就不可能相同。于是才有了各个组织的不同内控，才有了内控的"森林之美"。

风险管理能力

企业在经营过程中遇到一些风险是很正常的，尤其是企业做大了以后，总是会遇到这样那样的问题，有风险并不可怕，可怕的是没有面对风险的准备和规避风险的能力。如果风险是内控的"鱼"，那么，风险管理能力就是内控的"渔"。

风险与收益并存，风险越高，收益越大。因为各主体对风险的承受意愿和承受能力不同，对应的控制程度也不同。承受意愿不高、承受能力低下的组织通常会走稳健的经营路线，相反，就会选择风险和收益双高的行业或经营策略。这些都只是企业组织的不同选择，本无可厚非，最糟的就是出现风险承受意愿高但实际的风险承受能力却不能与之匹配的情形。

组织的内部控制就是要通过风险评估来找出组织的关键风险点，估计这些风险点的风险系数，选择对组织影响重大的风险点进行管理，从而把风险控制在组织的风险承受能力范围之内。

内控制度不仅要在风险发生之时去面对解决，也要在风险未发生之前进行防范，更要打造组织自身对风险的抵抗力与免疫力。内控人员不只是开药方的郎中，更是家庭保健医生，治组织于未病，加强组织对风险的免疫力。

让组织上下都铁板一块，百病不侵，风险抵抗指数达到十级，不说根本不可能，就算能做到，实际上也没必要去做，因为成本太高，性价比太低。就跟人一样，我们不可能防范到不许蚊虫叮咬一口，除非周围的蚊虫是带着致命病菌的，否则，我们也就只需要带上防蚊虫喷雾，被咬了用一用止痒药膏，最多严重了再加一些消炎药膏。组织也是一样的，其只需对重大的或经常发生的风险建立日常的管控机制，对一般的风险或者采取承受策略，或者采取转移策略，再辅以应急反应和处理机制建设，妄想组织上下无一漏洞，简直是天方夜谭。

预警系统是内控机制之一，是内控机制中常用的一种警示装置。该系统可以侦测组织的各项变化，一旦设定的指标出现异常变动便会示警，提醒相关职能部门或管理者及时纠正偏差，使组织回归正常的运营轨道。在实施过程中，这样的预警指标可以增减或修订，以保持管理的动态性与适应性。

行业具有波动性，宏观经济也是如此，同样的波动存在于各个行业中，只是波动的程度、频率对企业的影响不同而已。

行业的集中程度高，如垄断行业，其日常风险会相对较小一些，但往往这样的行业也会面临不可预知的危险。在竞争非常激烈的行业，如家电、电子行业，企业面临的日常风险相对就比较多。因为竞争者太多，在残酷的竞争中，稍有不慎，就可能惨遭淘汰。

组织身处行业的不同发展阶段，所面临的风险也不一样，对风险管理能力的要求也不同。身处行业的起步期，会面临很严峻的考验。如何才能不成为烈士而成为先驱，虽然有些时候需要点运气，但更需要的是智慧。身处行业的成长期，组织需要迅速占据市场制高点并找到进入专利或行业标准壁垒的突破口。若是身处行业的成熟期，则需要加大成本控制的力度和运营效率，开发新产品，进一步扩大市场份额。若已步入行业的衰退期，则组织最需要考虑的是如何在适当的时候转型。当然，这还是传统的行业研究理论，在互联网加盟下的信息技术时代，如此周期明显又四平八稳的行业发展进程会慢慢地变得稀有，一个行业的发展，未必会完整地经历这四个阶段，四个阶段的界限也不会像以前那样清晰，更可能跨越某个阶段直接结束整个进程。

所以在将来，内控也许着力点也不再局限于"内部"，而是向外走，向前走，因为可能组织都不存在了，要内控何用？皮之不存，毛将焉附？只是有一点应该始终不变，那就是内控控的是风险，并重在培育与提高组织的风险管理能力，以期应对不可预知的组织未来。

第六章

内控的执行人

内部控制是由企业董事会、监事会、经理层和全体员工共同实施的、旨在实现控制目标的过程。顾名思义，内控的执行人就是企业组织全体员工，企业所有的机构、所有的人都无一例外。内控这件事由谁来做，这就是本章要阐述的主题。

我们先来捋一捋企业里的管理角色通常都有哪些，这些角色之间又是什么关系。企业的组织架构通常如图 6-1 所示。

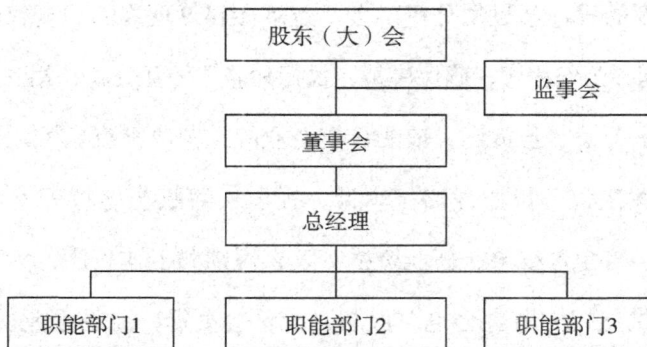

图 6-1　组织架构示意图

一家公司的设立，首先需要有出资人。参与出资的就是股东，股东组成有限责任公司的股东会或股份有限公司的股东大会，制定《公司章程》，选出董事和监事，成立董事会和监事会，再由董事会聘任总经理，总经理负责建立公司的组织架构，聘任合适的管理人员。

董事会由代表各股东利益的董事组成，代表股东行使职权，维护股东权益，向股东负责，受监事会监督。股东是公司的所有者，股东（大）会做出决策，董事会负责执行，一如家族和家主。而总经理由董事会聘任，负责执行董事会的决策，接受董事会的考核，一如东家和掌柜。

一般来说，董事和监事是所有者，行使资产的所有权，而总经理等职业经理人行使经营权。于是实现了所有权与经营权的相互分离，各级人员基于委托代理关系相互联系，处理事务。

董事会及监事会——把握大政方针

现代企业制度的设计通过划分董事会、监事会和管理层的职责权限、任职条件、议事规则和工作程序，确保决策、执行和监督相互分离，相互制衡。

董事会对股东（大）会负责，依法行使企业的经营决策权。可以按照股东（大）会的有关决议，设立战略、审计、提名、薪酬与考核等专门委员会，明确各委员会的职责权限、任职资格、议事规则和工作程序，为董事会制定科学决策提供支持。监事会也对股东（大）会负责，监督企业的董事、管理层和其他高级管理人员依法履行职责。

董事会与监事会对管理层予以适当的指导与监督；在制定战略与目标的同时，也要确立企业经营的大政方针，关注企业经营的过程，不仅关注某个经营时点的结果，也关注整个经营期间的变化趋势。

董事会与监事会设计适当的绩效管理体系，在关注管理层短期目标的同时兼顾其长期目标，关注财务目标的同时兼顾非财务目标，推行综合平衡的绩效管理。设计适当的薪酬激励体系，薪酬不可过低失去激励的功能，也不可太过优厚，以至于让管理层和员工难以坚守行为准则。职位的晋升或薪酬不能完全由短期绩效决定，要综合考虑长期绩效及其胜任能力等。另外，需采取措施使管理层少受行规或行业潜规则的诱惑。

董事会和监事会与财务负责人、内审人员和外审人员保持联系，定期会晤，讨论财务报告的程序、内控制度或他人所提的建议，以及管理层的绩效等。

董事会与监事会确立恰当的程序，以保证能获知重大事项或重要争议，明确下属部门所要列报的信息，包括但不限于财务报表、主要的营销策略、重大合约等。通过这些信息来追踪与监督企业的财务状况、经营成果与管理层的目标实现情况。

董事会和监事会监督企业文化建立的过程，定期评估企业文化建设，在出现特定事项时，介入调查，根据调查结果，对管理层作出指示，要求管理层坚守行为守则，确保企业文化适当且有效。

董事与监事一般要拥有足够的知识、产业经验、时间和意愿，以提供咨询与监督服务。

董事会决定公司内部管理机构的设置，包括按照业务性质划分组织单位，决定采用集权还是分权管理，抑或是部分集权部分分权，其中集权的程度如何。让管理层清楚地了解他们所担负的职责以及公司对他们的期望。当环境发生变化的时候，企业的组织结构也会跟着改变。

董事会要评估管理层的知识、经验、能否胜任其所担任的职务，判断实际所承担的责任是否超过其所应该承担的责任。

另外，董事会和监事会还应关注管理层及会计、审计、数据处理等关键岗位人员的流动率是否正常，观察这些员工是否会意外辞职，是否会在通知离职意向后的短期内即告离开，关注是否接连几任财务主管或内部审计人员相继离职。

综上所述，董事会和监事会是在股东（大）会这一最高权力机构的指挥下，负责确定企业组织的大政方针。

管理层——制定规则，遵守规则

本书的管理层是大概念的"经理"，包括总经理及下属部门负责人。

《公司法》第四十九条中对经理（总经理）的职权有这样的描述：

一、主持公司的生产经营管理工作，组织实施董事会决议；

二、组织实施公司年度经营计划和投资方案；

三、拟订公司内部管理机构设置方案；

四、拟订公司的基本管理制度；

五、制定公司的具体规章；

六、提请聘任或者解聘公司副经理、财务负责人；

七、决定聘任或者解聘除应由董事会决定聘任或者解聘以外的负责管理人员；

八、董事会授予的其他职权。

概括来说，管理层应对董事会负责，主持企业的生产经营管理工作，拟订公司的基本管理制度，制定公司的具体规章。

管理层应制定员工行为守则或类似的规范，对员工在遭遇利益冲突、不法或不当支出、内线交易等情况时应如何处置做出规范。让员工知道哪些行为是可以接受的，哪些行为是被禁止或不受鼓励的，当知道他人有不当行为时自己该如何处理等，并通过入职培训或其他方式定期让员工学习行为守则。

管理层也可以通过面对面的沟通，或日常的工作交流，传达强调道德操守重要性的信息，让员工做正当的事，而不是偷工减料、坑蒙拐骗。

管理层与员工、供应商、客户、竞争对手、会计师、监管部门等交往时，也应坚守操守与价值观。当向客户收取的价款超过应收客户的价款时，或支付给供应商的价款低于应付供应商的价款时，管理层不应置之不理。

当员工违反既定政策与程序时，相关部门应按相关规定予以处罚，但应将重点放在补救措施上，完善相应的内控制度。

正常情况下，管理层应遵循管理程序，不得逾越或干预既定的控制程序，但可以就何种情况下应该出面干预及干预的办法、程度等做出指引性规定。当干预实际发生时，管理层须制作相应的书面记录，予以适当解释。

管理层应聘用具备执行职务相应能力的员工，明确各岗位的职责说明书，并定期检查、更新。招聘、任用、培训和绩效考核等都应参照相应的职责说明书来进行。对执行某特定工作员工的特定知识与技能予以特别说明，如任职会计岗位需要具有会计从业证书，任职强弱电岗位的员工需要具有电工证，法务的从业人员要具备相应的法律知识等。

若子公司或分支机构的位置分布比较分散，那管理层除了要经常召开部门管理会议外，还要注意与各地的运营主管之间的互动，定期或不定期地实地考察各地的运营情况。

管理层不应把会计人员的功能只定义为记账与应付税务局，单位的运营负责人无权决定财务报告上所列示的数据，应防止未经授权的人接近或使用资产，包括数据或管理信息。

管理层要鼓励员工在授权范围内主动发现问题，解决问题。建立机制，保证每位员工所做的决策与其被授予的权利和义务相匹配，授权过程明确，授权的范围与层级需充分考虑相关的信息。公司事务的操作应严格按照授权决策权限来进行，均须经过适当的核准。

内控的有效性，终究还是依赖于人的执行。有效的内控需要能力强的、可以依赖的员工的参与。管理层需保证所执行的人力资源政策与程序能招募到或培养出这样的员工。比如招聘的程序要适当，以找到公司所希望雇用的员工；任用的程序要恰当，保证新进的人员了解其所担负的责任以及公司对他们的期望；考核与晋升的程序要适当，保证考核与晋升的标准与绩效相一致，且与行为守则所要求的一致，定期讨论员工的工作绩效，在评估绩效的同时评估员工的操守与价值观。

管理层要能辨别出可能导致不能达成整体目标的风险，分析风险，选择风险管理策略，制定风险管理计划。针对已辨别出来的风险、政策及程序，帮助确保整改措施被落实执行。

管理层要让需要使用信息的人取得他们所需要的信息，上情下达，下情上传。保证组织具有可用于规划、进行监督、遵守法律法规所需的信息，即明确收集什么样的信息，具体到什么程度，通过什么样的方式或系统来收集，信息系统与战略规划的配合度如何，对信息系统方面的投入与重视程度如何。这部分将在第八章管理信息系统中作详尽解说。

管理层也应该加强监督环节的建制，确保内部控制的持续有效。可以建立一种机制，比如指定一个部门，如履行内控、内审职能的部门，或某个联合管理委员会，每隔一段时间，就以归零的心态和全新的观点来检查内部控制制度是否正常，以保证内部控制有效，并及时发现不足，进而谋求改善。

同时，管理层也不应忽视外部监督的引入。可以先将本企业的道德标准信息传递给外界人士（如客户、供应商、独立的第三方机构等），建立特定的信息收集渠道以接收对方的反馈，有的企业会采用告客户、供应商的公开信，设立投诉电话、邮箱等方式。

董监高与企业文化

企业文化是内控环境的重要组成部分。企业文化看不到摸不着，但基本上所有问题产生的原因都可以归结于某种文化，企业的所有问题也基本上都可以从企业文化中找到答案，找到解决方案。

什么是企业文化？根据《企业内部控制应用指引第5号——企业文化》，企业文化是指企业在生产经营实践中逐步形成的、为整体团队所认同并遵守的价值观、经营理念和企业精神，以及在此基础上形成的行为规范的总称。

企业文化是在企业生存与发展的过程中慢慢形成的，对员工的行为有引导和规范作用，有助于形成企业的向心力。比如同样的危机出现在不同的企业，结果可能完全不同。在有的企业中，员工们会大难临头各自飞；而在另外的企业中，则可能完全相反，员工们会众志成城、共渡难关。同样的事件放在不同的企业，即使都没有明确的管理制度，结果也可能不同。

在企业文化形成与建设过程中，董监高起主要的作用。董事、监事、经理和其他高级管理人员应当在企业文化建设中发挥主导和示范作用，以自身的优秀品格和脚踏实地的工作作风，带动影响整个团队，共同营造积极向上的企业文化环境。

职能部门和分支机构——规则的执行者

职能部门与分支机构是内控执行的主体，是内控的第一道防线。这里的职能部门泛指所有具有计划、组织、指挥权力的部门，如财务部、人力资源部、IT部门、采购部门、销售部门等。这里的分支机构指分公司、分厂、分店等非独立法律主体型组织。

职能部门和分支机构所进行的最主要的内控活动是，按照决策机构与高级管理层的部署，结合实际的业务操作情况，设计管理制度，明确业务操作流程，对关键控制点实施控制。

若内控是张网，那董事会和管理层负责的就为纲，职能部门和分支机构所负责的就是目。针对不同的目标，大鱼或小虾，动用的网便不同。但网眼大小，怎么联结，还是冲锋陷阵在第一线的职能部门或分支机构最了解情况。要想做到"一引其纲，万目皆张"，需上下部分配合得当才行。

职能部门和分支机构的负责人对内控制度的设计按职能或流程进行切分，将控制点与组织架构里的岗位结合起来，把控制措施落实到日常的业务操作中。对各业务岗位的经办人，不用与董监高一样"高标准，严要求"，只要"低标准，严要求"，严格执行相应的制度规定或流程要求即可。若是有完善的建议，也需经过一定的审批程序方可进行修改。

曾经一位同行拍的一张照片，至今让我记忆犹新。照片展示的是一辆机场清洁车严丝合缝地停在划定的黄色框线内。清洁阿姨要做的就是按照操作手册的要求，把车停在框线里。若是清洁阿姨为了清扫的方便，随意停放清洁车，就可能妨碍其他工作的正常进行，如阻挡通勤车的正常运行或阻挡旅客的正常行进等。而划定框线的人则纵观全局，负责整个流程与区域的设计，保证各行其道，互不妨碍。

职能部门和分支机构的负责人需要把自己管理区域内的框线划

清楚、划利落，让各自职能范围里的流程顺畅起来，保证职责划分不会相互冲突，相互撞车；同时，要保证部门职责不能超出该部门的黄色框线，对于超界的事只有建议权，没有修改权。

内审部门——内控的监督者

2001 年 1 月国际内部审计师协会（IIA）发布的新版《国际内部审计专业实务框架》中，将内部审计定义为：内部审计是一种独立、客观的确认和咨询活动，旨在增加价值和改善组织的运营。它通过应用系统的、规范的方法，评价并改善风险管理、控制及治理过程的效果，帮助组织实现其目标。

2003 年 6 月，中国内部审计协会发布《内部审计准则》，做出定义："内部审计是指组织内部的一种独立客观的监督和评价活动，它通过审查和评价经营活动及内部控制的适当性、合法性和有效性来促进组织目标的实现。"内部审计通过测试、检查等手段对内控的完整性、有效性进行审计，为修订内控制度及其有效性提供依据。

内部审计有两大职能：鉴证和咨询。鉴证解决"怎么样"的问题，咨询解决"怎么办"的问题。当然为大家所熟知的内审职能更多的是鉴证而非咨询。内部审计本身在企业中不直接参与相关的经济活动，处于相对独立的地位，又处在各项内控管理活动中，是执行内部监督的最好选择。

内控体系建设具有系统性，内控审计具有纵深性。内控强调过程合规，内审关注结果合理。相关人员可以将内审过程中发现的内控失效案例作为加

强内控建设的有力抓手，同时把内审手段作为检查内控运行状态的
有效工具，使企业有压力去认真落实内控规范。

内控与内审是有区别的，主要表现在关注点、对象和手段上。

关注点不同。内部控制的关注点是管理流程、制度和岗位约
束、制度的有效性、关键岗位等；内部审计的关注点是各项指标的
完成情况，异常财务现象，财务规范性等。

对象不同。内部控制的对象是整个企业的各个环节；内部审计
的对象是与外部审计对象相关的环节和相关的财务信息。

手段不同。内部控制手段主要有环境控制、风险评估、活动控
制、信息与沟通、监控等；内部审计的主要手段是查证、函证、抽
样、座谈、调查等。

内控和内审虽有区别，但更是有联系的。联系就表现在这二者
的最终目标具有一致性，都是为了促进组织目标的实现；都是从组
织的整体出发，通过协调各部分的资源与力量，提升组织的效能进
而实现目标。

在实践中，可以借助内审的力量去推动内控的建设与完善，也
可以充分利用内控建设的成果减少审计的工作量，同时也可以将内
审整改与内控建设和完善相结合，让审计建议更具操作性。

近些年来，审计的地位越发受到重视，无论是国家审计，还是
社会审计，连带着内部审计也为大家所熟知，内审的地位在组织中
也蒸蒸日上。与内审老大哥略有不同的是内控小弟，江湖地位尚未
确立，人微言轻。在管理实践中，内部审计在企业内部相对独立，

使其对内部控制的有效性评价结果更有说服力。另外，内部审计也可以监督内部控制的设计与执行。很多企业建立了一大堆规章制度与程序，但其却止于纸面或流于形式，没能真正发挥作用，一个很重要的原因就是没有强有力的监督力量。让一双眼睛去看着，或者使别人认为有双眼睛在看着，对管理策略的执行来说是个不错的选择，也是有力的保障。

从内审的角度看，内控也有促进作用。内审的第一步，是对内控体系进行评价，若内控体系相对完善，则其对资料的采信程度就高，审计抽样就可以适当简化。另外，内审内控人员通常比较了解组织的运行情况与关节，知道组织的优缺点，更知道职能部门的长处与短板，对审计发现的问题通常都能提供不错的解决建议，从而使审计发现事项的整改建议更具操作性，审计整改也变得更加顺利。

可以说，内控具有系统性，但力度有限，内审更深入，但覆盖面有限。二者的有机结合，能帮助组织把内控建设落到实处，帮助组织把风险控制做全做深。

内控部门——组织的划线人

在这一章的最后，我们来说一说内控部门。随着《内部控制基本规范》及其指引的颁布实施，内控岗位或部门悄然见之于各企事业单位的组织架构中，频现于各招聘网站的职位名录中。内控也终于如羞涩的姑娘般慢慢掀开神秘的面纱，让世人一窥其貌。

内部控制涉及组织的整体业务与管理，严格意义上说，其不应该是一个单列的部门，因为全部的职能部门都是履行内部控制职能的部门。一般国外企业没有内控这样的部门设置，但国内企业有，主要还是由国内的管理阶段和管理实践决定的。实事求是地说，我们的内部控制是短板。短者，不及也，要么是做得不够，不到位，与统一的标准和普遍的规律存在差距；要么是跟不上事物的发展，落后于形势；要么是在发挥应有作用上不充分，有欠缺，存在有待克服和突破的瓶颈。我们的组织需要有一个部门来牵头把内部控制这个短板给补起来，于是便单设立一个内控部门来补短板。

虽然是这么说，但在很多公司里面并没有哪一个部门叫内控部门，很多公司由综合管理部门来负责内控事宜，如风险控制部、综合管理部、企业管理部、办公室、运营管理部等，也存在由董事会、监事会牵头组成内控实施小组来推动内控工作的情况。但无论以什么形式存在，内控的职责基本上是差不多的。

前面我们提到职能部门和分支机构的负责人负责划定框线，保证各自的活动不要超出各自的黄色框线，那谁来负责划定各个职能部门和分支机构的黄色框线呢？对了，就是内控部门。内控部门负责在整个组织内划定框线。

在一个组织里，总有些事情好处多多，大家抢着做，也总有些事情是大家唯恐避之不及的。为了组织的整体利益，内控部门得在管理层的支持下把任务分配好，让职能部门和分支机构各领"一段"，对流程上有关联的部分，得考虑各段之间的连接，保证流程

阅读笔记

的顺利进行。

内控部门有个不错的工具，这便是内控手册。若企业章程是企业的宪法，那内控手册就是基本法律、法规、规章、条例和实施细则等。在形式上，它通常包括管理制度、业务流程和作业表单等。其除了首次编制之外，最重要的还是日常的修订，包括定期的和不定期的修订。一方面，企业在发展，内控要量体裁衣；另一方面，衣服穿久了，会有破损，就得打补丁。

通过内控手册对组织职能分工进行确定，组织实现了条块化分割与整理。但这些都是表面功夫，就算这样，想要做到像模像样也要花时间。内控部门的另一个主要任务是培育组织的内部控制能力，提升组织的风险管理能力。这是一个漫长而又艰难的导入过程。一个人学习尚且不易，何况一个组织的学习呢？

方法总比困难多。我们可以先从简单的事务开始，让职能部门练习起来。例如，完善内控手册时，可以由内控部门提供模板，让职能部门或分支机构把部门内的制度和流程自己先整理起来，一遍一遍地调整修改。由此，便可以慢慢地把内控理念灌输给他们，也可以让他们把内控方法与其日常管理结合起来，融会贯通。有了基本的铺垫之后，再让其通过内控自评等形式学会自我检查与自我管理，结合实际发生的案例进行检讨，并完善内控措施。如此，慢慢地实现内控管理能力的提升。这个过程是管理的基础，所需时间长短不一，一年到三五年都有可能。

阅读笔记

第七章

内控部门与执行人的关系

毋庸置疑，内控是全员的事。但内控部门是内控活动中当然的责任主体。本章论述的主题是内控部门与董事会、高级管理人员、职能部门及内审部门的关系。

概括来说，内控部门应当接受董事会或者最高管理层的领导，保持与董事会或最高管理层的良好关系，做好他们的咨询师与教练，在一定程度上也是他们的代言人。内控部门与职能部门是合作伙伴，一起发现问题、解决问题。内控部门与内审部门则"同是天涯沦落人"，相互扶持，相互慰藉。

所谓知易行难，做到尚且不易，要想做到尽善尽美，面面俱到，则难上加难。

内控部门之于董事会和高管：咨询师和教练

《内部审计准则》第 2302 号内部审计具体准则是关于"与董事会或者最高管理层的关系"的，内部控制与董事会或者最高管理层的关系可以参照之。对内控部门有管理权限的有董事会或者类似的机构包括董事会下属的审计委员会、非营利组织的理事会等。最高管理层包括总经理或与总经理级别相当的人员。这可以从组织设计上保证内部控制的独立性，增强内部控制工作的有效性。

内控部门负责人应当积极寻求董事会和最高管理层对内部控制工作的理解与支持。在设立监事会或监事的组织中，内部控制机构应当在授权范围内配合监事会的工作。

内控部门应就工作计划或专项活动报请董事会或者最高管理层批准，接受并完成董事会或者最高管理层的业务委派。年度工作计划、人力资源计划、财务预算及内控策略的制定及变动等须报请董事会或者最高管理层批准。

内控部门应当与董事会或者最高管理层保持有效的沟通，应当定期提交工作报告、风险分析报告等，反映所发现的重要问题、分析结论和控制建议。在日常工作中，内控部门还应当与董事会或者最高管理层就一些重要事项进行交流，如董事会或者最高管理层关注的领域、内部控制活动满足董事会或者最高管理层信息需求的程度、内控的新趋势和最佳实务、内控与内部审计和外部审计之间的协调情况等。

内控部门和所有的职能部门一样，都是企业这个整体的一部分，但作为企业内部控制系统的"划线人"，其职责与所处的位置却也非同一般。

从一定程度上讲，内控部门在职能属性上是自上而下的，其目标定位于组织目标。说得通俗一点儿，就是其是为董事会和高级管理层服务的。直白点说，内控人员更像是幕僚。内控部门与董事会和高管通常目标一致，同乘企业一条船。虽然行事风格会因人而异，但主要方向多是出于董事会或高级管理层的要求或对组织未来发展的预判。

若是企业文化偏集权强调服从，企业的主要负责人比较强势，那么内控部门可以充当咨询师，提供解决方案或咨询服务；若企业文化偏分权强调创新与独立解决问题，企业的主要负责人比较民主，那么内控部门可以独当一面，重在实现董事会或高级管理层想要达成的目标。

内控部门之于职能部门：合作伙伴

内控部门与内审部门一样，从职能的设置上看，似乎就不受职能部门欢迎。某位职能部门的人曾对我表示"跟你说话要当心，套路太深"。但这是否就意味着内控部门只能被职能部门所抱怨呢？当然不是。

内控从业人员应该把内控这件事做得清新脱俗，但这十分考验情商。

内控部门与职能部门相处的首要原则是合作。不排除在特殊情况下，内控部门需要立威。可以用来立威的事情通常有这么几个特征：重大的、紧急的、有老板背书的、合适的，若是具备不止一个特征那是最好的。但内控人员需要注意的是，威逼之事只能偶尔为之，长久之计还宜锋芒内敛，合作才是首要的。合作就是个人与个人、群体与群体之间为达到共同目的，彼此相互配合的一种联合行动。说到合作，最简单、最直观的理由还是双方的利益一致。通俗点儿说，就是内控部门得对职能部门有用。内控部门的作用有如下三个。

第一，内控部门是入幕之宾，最了解企业的未来发展与管理层的诉求，也就最清楚未来的发展重点与管理层关注的方向。这样的"资源禀赋"往往是职能部门所欠缺的。只要不违反原则，内控人员可以对职能部门提供相应的帮助与指导。

第二，因为资源有限，部门的工作重心各有不同，若不幸 A 部门需要 B 部门支持的恰恰不是 B 部门重点关注的，通常 A 部门就会很着急，部门间的摩擦由此产生。再有就是流程与流程、部门与部门的衔接处，常有不清晰或交叉的区域，因为通常是好处大家争着要，而麻烦大家都避而远之，若内控部门可以调节解决这样的问题，肯定是一件皆大欢喜的事。

第三，内控部门可以针对问题找出方法，成为解决方案的推动者。职能部门往往局限于部门的立场，无法跳出来站到更高一层去看问题。而内控部门似乎不太会有这样的忧虑，因为其本身的工作性质通常需要其以老板的视角去思考问题。因此，内控部门通常会从全盘角度考虑整体布局，有条不紊地调整每个棋子的位置，把棋下活，并且把解决方案贯彻到底。

我们得承认，既然是做控制，其通常会加大受控制部门的工作量。尤其是做风险评估、内控测评、风险事件库之类的控制，填表的工作起码是免不了的。对于职能部门来说，确实要付出人力和时间来与内控部门打交道。不仅如此，有时职能部门还需要花时间花精力去学习新知识、适应新环境。

当然，靠行政命令是可以让职能部门不得不做的，但做到什么程度，基本上要靠人的自觉和部门对其提出的要求。如果内控部门与职能部门的关系不错，效果就会大为不同。首先相关人员不会产生抵触情绪，被逼去做与自愿去做最后的结果是不一样的。其次，沟通也会顺畅得多，愿意说或被逼着说总归是不一样的。

内控部门和职能部门可以有各自的立场，但可以相互帮助，相互配合，改善各自的工作处境，提高企业的整体效率。

内控部门之于内审部门：同是天涯沦落人

内控的主要工作内容是根据风险建立控制措施，并监督这些措施的执行，所以要做风险分析、评估并选择控制活动的具体方式，需要与职能部门之间进行充分协作，需要去询问、开讨论会、发调查问卷。内审的工作则属于审计，需要的实质性测试是监盘、函证等，需要编制审计工作底稿。

站在内控的角度看内审。第一，内审是内控环境的一个要素，从属于内控。第二，内控的有效性要靠内审来评价，即"内部控制的内部审计"，在内控指引中叫作"内部控制的评价"。第三，有些企业中内控的建立健全是在审计委员会之下由内审部门牵头完成的。

反过来，站在内审的角度看内控。首先，了解被审计单位的内控情况，是开展内审的前期工作。对被审计单位内控情况的恰当评估，是决定内审程序、方法和工作量的关键因素之一。比如，对于内控有效的子公司，集团公司对其进行内部审计时，就可以减少实质性测试的抽样样本。其次，内审报告需要对被审计单位提供管理建议书，其中较为重要的内容就是如何完善内控。完善的方向、内容、计划、实施都需要依赖内控系统。

内控和内审的职能有区别，更有联系。企业实践中，有的只设内控部门或只设内审部门，也有两个部门都有的，还有合二为一的，更有加上法务职能之后称为风险控制部的，或是使用别的名称，但在履行内控或内审职责的，但总体来说，负责这两类职能的部门是关系紧密的。

内控和内审这两个部门的目标都来自于董事会或高级管理层，其身处的环境相似，工作的对象相同或相似，面临的挑战也雷同。同时，其工作成果互为因果。内审的审计发现与审计建议需要内控去推动落实，内控措施的完善与否也需要内审去检验与评价；内控的缺失为内审提供审计线索，内审的审计发现为内控提供完善机制的契机。

　　"不如意事十八九，可与人言无二三"，内控和内审也许就是对方可言二三的那个对象，恰如那江州司马与琵琶女"相逢何必曾相识"！

第八章

内控工具箱

子曰："工欲善其事，必先利其器。"工匠要干出漂亮活儿，一定要磨快他的工具，磨刀不误砍柴工。且来瞧瞧内控小叮当的神奇口袋里都有些什么神器。因为每个工具都可以独立成书，所以我在这里只是做简单说明，并不展开叙述。

COSO 框架

COSO 框架是一个神奇的框架，是目前为止流传范围最广的内控框架，也是最为学术界和管理实践所推崇的框架。当然，这与COSO 委员会的努力与创新是分不开的。该委员会能够以全球视野洞察风险变化，提出前沿性思想，又能急用户之所急，努力提供可落地的方法。更难能可贵的是，他们拥有敢于剖析和否定自我的精神，以及不断理解和创新全球全面风险管理的规则。

1985 年，美国注册会计师协会（AICPA）、美国会计协会（AAA）、财务经理人协会（FEI）、内部审计师协会（IIA）、管理会计师协会（IMA）联合创建了反虚假财务报告委员会（通常称Treadway 委员会），旨在探讨财务报告中舞弊的产生原因，并寻找解决之道。两年后，基于该委员会的建议，其赞助机构成立了 COSO 委员会，专门研究内部控制问题。

1992 年 Treadway 委员会经过多年研究，对公司行政总裁、其他高级执行官、董事、立法部门和监管部门的内部控制进行高度概括，发布了《内部控制——整合框架》报告（见图 8-1），即通称的 COSO 报告。该报告第一部分是概括；第二部分是定义框架，完整定义内部控制，描述它的组成部分，为公司管理层、董事会和其他人员提供评价其内部控制系统的规则；第三部分是对外部团体的报告，是为报告编制报表中的内部控制的团体提供指南的补充文件；第四部分是评价工具，提供用以评价内部控制系统的有用材料。

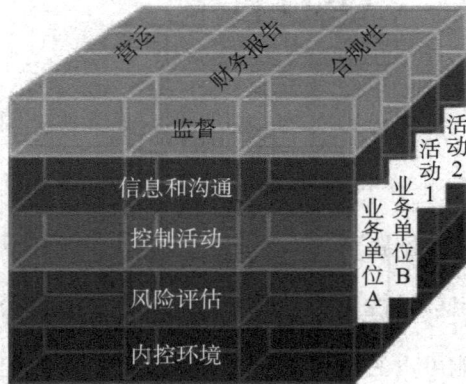

图 8-1　COSO 内部控制框架（1992 版）

COSO 报告提出内部控制用以促进效率，减少资产损失风险，帮助保证财务报告的可靠性和合规性。COSO 报告认为内部控制有如下目标：经营的效率和效果（基本经济目标，包括绩效、利润目标和资源、安全性），财务报告的可靠性（与对外公布的财务报表编制相关，包括中期报告、合并财务报表中选取的数据可靠并符合相应的法律法规）。

自 1992 年美国 COSO 委员会发布《内部控制——整合框架》以来，该框架已在全球获得广泛的认可和应用，但是理论界和实务界一直不断对其提出一些改进建议，强调内部控制整合框架的建立应与企业风险管理相结合。2002 年颁布的《萨班斯－奥克斯利法案》也要求上市公司全面关注风险，加强风险管理，在客观上推动了内部控制整体框架的进一步发展。与此同时，COSO 委员会也意识到《内部控制——整合框架》自身也存在一些问题，如过分注重财务报告，而没有从企业全局和战略的高度来关注企业风险。正是基于这种内部和外部的双重因素，必须出台新框架以适应发展需求。

2003 年 7 月，美国 COSO 委员会根据《萨班斯－奥克斯利法案》的相关要求，颁布了"企业风险管理整合框架"的讨论稿，该讨论稿是在《内部控制——整合框架》的基础上扩展而来的。2004年 9 月，美国 COSO 委员会正式颁布了《企业风险管理——整合框架》（COSO-ERM），如图 8-2 所示，标志着 COSO 委员会最新的内部控制研究成果面世。

COSO 对企业风险管理的定义："企业风险管理是一个过程，受企业董事会、管理层和其他员工的影响，包括内部控制及其在战略和整个公司的应用，旨在为实现经营的效率和效果、财务报告的可靠性以及法规的遵循提供合理保证。"COSO-ERM 框架是一个指导性的理论框架，为公司的董事会提供了有关企业所面临的重要风险，以及如何进行风险管理方面的重要信息。企业风险管理指由企业董事会、管理层和其他员工共同参与，应用于企业战略制定和企业内部各个层次与部门，用于识别可能对企业造成潜在影响的事项并在其风险偏好范围内进行多层面、流程化的企业风险管理过程，它为实现企业目标提供合理保证。

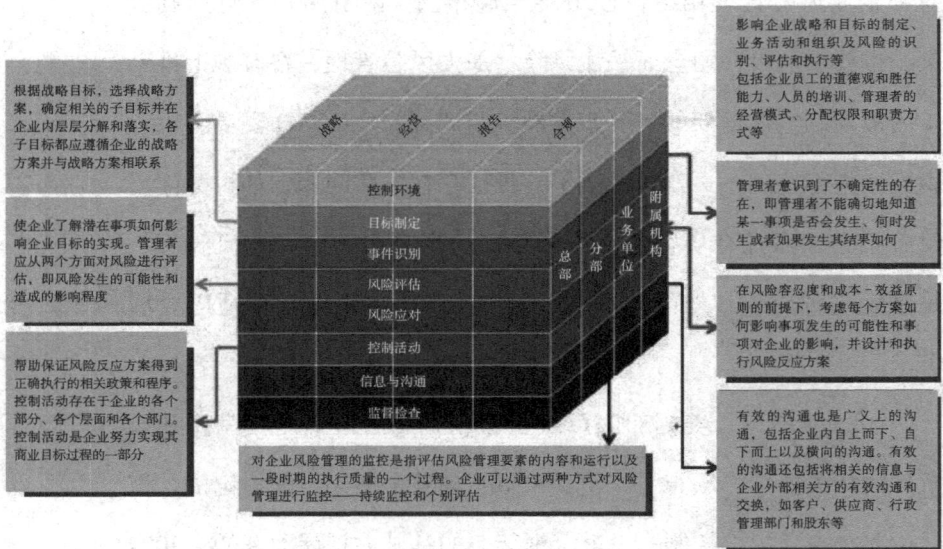

图 8-2　COSO-ERM 2004 版

自 COSO 发布 1992 版框架以来，现今的商业环境已变得大为不同，新生产技术和复杂组织结构的不断涌现，以及愈加严格的监管要求，促使企业在满足旧框架运营、合规、财务报告内控目标的基础上，越来越关注公司治理和风险管理，越来越重视非财务报告内部控制。此外，近年来由于内部控制失效而发生的一系列舞弊事件以及金融危机的破坏性影响，也进一步要求加强和完善内部控制标准。

以上这些因素都推动了 COSO 对已颁布二十年之久的原框架做出相应更新，以帮助企业高效率地制定内部控制系统，实现重要的业务目标并持续优化企业绩效；适应日益复杂和不断变化的商业环境，将风险降至可接受水平并且提高决策信息的可靠性。于是有了 2013 版 COSO 新框架的推出，其要素及原则如表 8-1 所示。相关单位在 2014 年 12 月 15 日之前仍然可以继续使用 1992 版框架，但在该日期后，该框架将被 COSO 视为已被新框架所取代。

表 8-1　2013 版新框架的要素及原则

类别	序号	2013 版 COSO 框架原则
控制环境	1	组织对遵从正直和道德等价值观做出承诺
	2	董事会相对于管理层保持独立，并对管理层建立与执行内控成效进行监督
	3	在董事会的监督下，管理层建立相应的组织架构、汇报路径、恰当的授权与责任体系，以实现组织目标
	4	组织致力于吸引、发展和保留具有职业胜任能力的人才，使其能与组织整体目标相匹配
	5	为实现组织目标，应当明确成员各自的内控职责
风险评估	6	组织设定清晰的目标，进而能够有效识别和评价威胁目标实现的风险
	7	组织在整个公司层面识别可能威胁组织目标实现的风险，以此为基础来确定如何对这些风险进行管理
	8	组织应当评估潜在的欺诈对威胁组织目标实现的风险
	9	组织对可能使内控体系产生重大影响的变化事项进行识别与评估
控制活动	10	组织选择并且实施控制活动，将威胁组织目标实现的风险降到可接受的水平
	11	对信息技术组织选用一般控制活动，以支持组织目标的实现
	12	组织通过制定政策制度和执行流程程序，来实施控制活动

（续表）

类别	序号	2013 版 COSO 框架原则
信息与沟通	13	组织获取或者形成相关的、有质量的信息以支持内部控制发挥功能
	14	组织在内部沟通传递包括控制目标、控制职责在内的必要信息以支持内部控制发挥作用
	15	组织与外部相关各方就影响内部控制发挥作用的事项进行沟通
监督活动	16	组织选择、设计和执行持续和 / 或分别评价，以确认内部控制要素是否存在并持续发挥作用
	17	组织对内部控制进行评价，并视情况及时地将发现的内控缺陷报告给负责执行纠正性措施的主体，这些主体包括高级管理层、董事会

2016 年，COSO 又公布了一个针对 2004 版 ERM 框架的修改草案，草案全称为《企业风险管理——通过策略与绩效调整风险》，其要素及原则如图 8-3 所示。草案认为风险管理是"组织在创造、维护和实现价值的过程中，进行风险管理所依赖的、与战略和执行紧密结合的文化、能力和实践"。此定义与 2004 版 COSO-ERM 迥异，更强调文化、能力和价值创造的实践。新框架由 23 条原则支撑五要素，分别是：风险治理与文化，风险、策略与目标制定，执行中的风险，风险信息、沟通与报告，监测 ERM 的绩效。相对 2004 年的旧版，新版改动较大，包括双向性的风险定义，风险管理在战略选择中的决定作用，全面风险管理框架的新结构，其弃用了熟悉的"立方体"结构。新框架旗帜鲜明地提出风险管理与内控的关系，它指出了 COSO 在 2013 年发布的涵盖五大单元和 17 项原则的内部控制框架，并不会被新框架所取代。但是全面风险管理涵盖了比内控更多的内容。内控是全面风险管理的不可分割的子集。

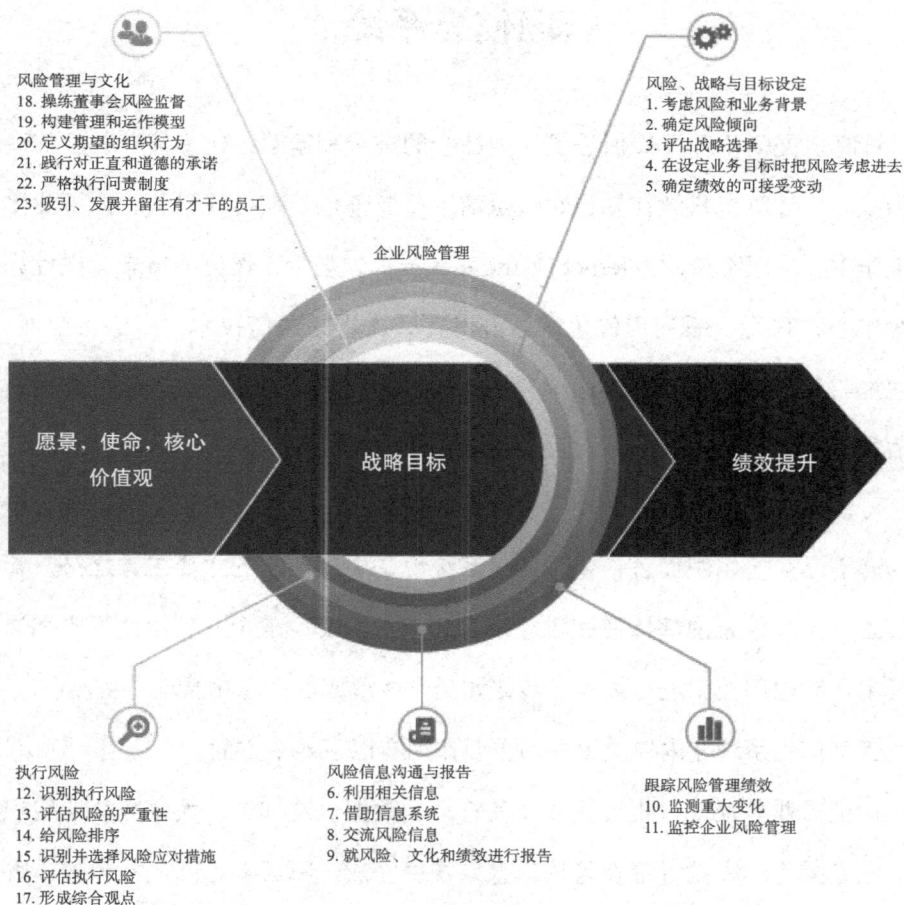

风险管理与文化
18. 操练董事会风险监督
19. 构建管理和运作模型
20. 定义期望的组织行为
21. 践行对正直和道德的承诺
22. 严格执行问责制度
23. 吸引、发展并留住有才干的员工

风险、战略与目标设定
1. 考虑风险和业务背景
2. 确定风险倾向
3. 评估战略选择
4. 在设定业务目标时把风险考虑进去
5. 确定绩效的可接受变动

企业风险管理

愿景，使命，核心
价值观

战略目标

绩效提升

执行风险
12. 识别执行风险
13. 评估风险的严重性
14. 给风险排序
15. 识别并选择风险应对措施
16. 评估执行风险
17. 形成综合观点

风险信息沟通与报告
6. 利用相关信息
7. 借助信息系统
8. 交流风险信息
9. 就风险、文化和绩效进行报告

跟踪风险管理绩效
10. 监测重大变化
11. 监控企业风险管理

图 8-3 《企业风险管理——通过策略与绩效调整风险》框架

COSO 的内控框架和风险管理框架为企业实践提供了与时俱进的管理思想与实施建议，是内控可选用的工具之一。

管理信息系统

计算机的诞生和发展促进了人类社会的进步和繁荣，作为信息科学的载体和核心，计算机科学在知识时代扮演了重要角色。在行政机关、企事业单位工作中，一般都采用 Internet 或 Intranet 技术，基于工作流的概念，以计算机为中心，采用一系列现代化的办公设备和先进的通信技术，广泛、全面、迅速地收集、整理、加工、存储和使用信息，使企业内部人员方便快捷地共享信息，高效地协同工作，从而达到提高行政效率的目的。

可以说，计算机技术的发展，使管理信息系统的建立不仅成为可能，也成为必需品。于组织而言，管理信息系统也是内部控制的主要工具之一。管理信息系统是信息内部传递和对外报告的技术手段，是企业利用计算机和通信技术，对内部控制进行集成、转化和提升所形成的信息化管理平台。

管理信息系统在内控应用中的主要作用有以下四个方面。

1.记录业务操作，收集业务及其管理的数据。现如今，大多数企业组织中的业务操作、审批等都在管理信息系统中完成。哪天要是断网、停电，哪天就是休息日。而且管理信息系统中保存有大量的数据，记录着组织业务操作的痕迹。很多公司的业务都可以实现即时管理，有权限的人员可以随时随地地看到公司当前的运营情况，营收、成本、费用、人员、生产排程、产线产量、产品的质量、各个制造单位的效率、仓库的库存等。用户不仅可以通过定制化的报表系统主动去搜索进程，还会有定期的提醒报表、定制的专案报告等由系统发送到用户的邮箱，其可通过电脑或手机客户端来查看或处理。这样的报表多达几百份，图文并茂，涉及各个业务板块，360度无死角。

2. 推动信息公开，实现信息共享。管理信息系统的建立与发展，让组织的业务操作与管理情况变成亿万个字节，几乎在瞬间就可以推送给相关的人。内控中，信息资料公开、共享也是管理的一个重要手段和途径，因为其能消除信息不对称的风险。在看到了同样的信息的情况下，大家都可能有自己的判断，而不是由信息把持者说了算。另外，这也在无形中给负责各项事务的人增加了压力，提醒他可能有第三只眼睛在盯着他。同时，也正是因为信息在组织内部的共享，让相互协作的部门或人员提高了效率。管理信息系统权限的设置让信息公开与共享的范围得以规范、受到约束，杜绝了依托纸质文书的复杂的作业流程可能带来的泄密风险。

3. 使审批环节从人工控制转变为自动控制。就拿信息平台的信息发布来说吧，经常会有流程还没走完相关人员就要求负责发布的部门发布信息的事情发生，慢慢地，后补审批手续便成了常态，审批控制环节形同虚设。当把信息发布的审批环节纳入管理信息系统之后，其变成了最终审批人点击审批通过后由系统自动发布。最终审批人点击按钮"审批通过"变成了信息发布的前置程序和触发开关，同时，因为系统流程的存在，前置审批程序不走完，就到不了最终审批人那里，这就使人为绕过某一环节变得不可能。这是强控制的一个例子。对弱系统控制的作业，原理也是一样的。比如合同盖章流程，走纸质单申请时，相关人员会因紧急情况要求先盖章，

阅读笔记

后补审批手续。系统上线之后，理论上还是可以如此操作，但因系统中每一步都有日期记录，可以将审批通过的日期与实际盖章日期进行对比，汇总成管理报表来核实存档。

4. 易于数据分析。我们之前提到从统计到分析，片面认知或人为加工的风险很高，分析的难度也很高。一方面，信息收集不易，很多基础作业的数据并不能及时完整地留存下来，就算留存下来了，也难以汇总、统计和分析。另一方面，就算数据不准确，事后也难以确认或提出相反的结论，原因是很难找到数据支撑。有了管理信息系统就不一样了。一是数据的收集是即时的，每天每个点都在进行。一时造假容易，时时造假难；一人造假容易，人人造假难。二是数据的分析维度更多，拆分更细，使分析更深入。因为有了管理信息系统，数据分析变成了下参数写公式，只要想的到就能做的到。

从日常交流中我们可以看出，目前管理信息系统在实践中存在不少问题，常见的有以下三个。

1. 管理信息系统缺乏规划或规划不合理，造成信息孤岛或重复建设，导致系统不能被称为系统，只是不完善的业务流水账，或者只见工作量增加，系统效益出不来，导致企业经营管理效率低下。

2. 系统开发不符合内部控制要求，授权管理不当，导致无法利用信息技术实施有效控制。这是管理信息系统过分向实务操作妥协的结果，过分强调现有的管理控制，或过分关注组织的运营效率，而没有把内部控制的要求融入系统的设计与开发中去。

3. 系统运行维护和安全措施不到位，可能导致信息泄露或毁损，系统无法正常运行。由于对信息技术问题的前瞻性不够，采用的算法或数据库的结构等不能支持组织正常的运营，导致诸如频繁卡机、出错或死机等情况。由于对系统运行维护的关注和投入不足，导致系统的非正常中断。由于安全措施考虑不周，导致信息泄露或毁损，以致组织出于对信息安全的考虑，而减少系统的运用，久而久之，成了"烂尾系统"。

很多企业，尤其是中小企业，不知道从何处着手开始建立管理信息系统，也不知道该如何应用管理信息系统，更不知道该如何深入和健全管理信息系统。以下是几点建议，仅供参考。

1. 夯实管理基础。

现在都在说大数据、互联网＋，很多管理信息系统尚且没有建立健全的企业组织也开始按捺不住要跟上这拨技术潮流。很不客气地说，这种不务实的行为会让企业组织"赔了夫人又折兵"。第一，相应的成本支出必不可少；第二，大大地赔上了时间成本，还会造成对大数据、"互联网＋"的误解，说什么"不上管理信息系统是等死，上管理信息系统是找死"。相信对绝大多数有困惑的企业组织而言，管理信息系统都不是空白。有些是信息孤岛，重复建设，不能相互联结；有些是购买而来的软件，说白了就是个系统的硬件，是个壳，导入不成功而企业本身又缺乏应用与改善的能力。有时候上管理信息系统似乎是企业的救命稻草，误以为有了系统便能起死回生，其实管理信息系统仅是锦上添花而决不能妙手回春。

实际上，企业的命运与管理信息系统没有关系。没有扎实的信息系统的支持，说什么大数据、互联网＋都只是空中楼阁；没有良好的内部控制制度、流程等管理基础的支撑，说什么管理信息系统也是空中楼阁。万丈高楼平地起，夯实基础是第一步。

2. 规划先行，不断调整改善。

管理信息系统的建设，无外乎两种方式，一种是从别人那里买，一种是自己来做。若不是稳定的、标准的作业流程（稳定的、标准的行业如今是少之又少了），笔者的建议是自己开发，或是与外部合作开发，重点在于自己有能力做二次开发。因为管理信息系统就像是企业的衣服，企业在变，变大变胖变高，或部分变大部分变小，这衣服不变，难看是次要，关键是没法穿。企业得有自己的裁缝，根据需要改衣服，保证衣服始终合身。

"凡事预则立，不预则废。"管理信息系统的建设也是一样，需要规划先行。在梳理现有业务流程和管理制度的基础上，规划未来管理信息系统的运行，与各相关方进行沟通和协调，在开发的过程中要考虑风险点及其控制措施、权限设置、数据和文档留存等，尤其要充分考虑未来的业务和技术趋势，关注系统未来的可拓展性。

任何人都不可能在脑子里把所有的事情都规划得天衣无缝，未来也不可能完全按照我们的规划运行。我们必须要做好不断调整改善的心理准备，做好相应的计划和应对措施。好的管理信息系统都是用出来的，是改出来的。管理信息系统的改善是永无止境的，没有最好，只有更好。

3. 先试点再推广。

若没有绝对的权力作为后盾，没有严密的规划作为基础，没有强大的项目推动能力作为保障，管理信息系统的建立就不宜选择全面铺开、一步到位的实施方法。笔者建议采用渐近的方式实施，可以先做试点再推而广之。一来推行的阻力会小，二来也可在实施的过程中逐渐发现问题并逐步改进，无论是项目的主导者还是项目的参与者，其压力都会大幅减小。人从来都不会拒绝改变，但人都会拒绝被改变。管理信息系统的建立，意味着相关部门作业方式的改变，甚至是思维方式的改变，这会给不适应现代信息技术的人带来很大的困扰。

从笔者推进管理信息系统的经验来看，几乎所有需要操作系统的基层员工都会抗拒系统，就算他们知道系统上线之后对他们利大于弊也会如此。一般来说，"80后""90后"相对接受程度高，虽说作业方式有所改变，但在不久之后便会慢慢适应；而"60后"则很难接受，也许因为样本不够多，到目前为止还没有成功的案例；"70后"介于两者之间。当然，这样按年龄分有点儿绝对，不排除有个别身为"80后"心似"50后"的人，也不能排除身为"60后"心似"00后"的人。除了员工抗拒，还有系统成熟度的影响。任何系统无论经过多少测试，在实际上线应用之后都会出现各种各样的问题，尤其是在产品与作业流程个性化程度高的领域。系统改善的唯一途径就是应用—修改—应用—修改—应用……不断循环。这个过程也是管理信息系统项目推进者不断学习与成熟的过程，即从项目的规划、技术人员的开发，到使用部门的应用与习惯，到项目的过程管理、时间管理等。以上还只是正常的推进阻力，在一些情况下，管理信息系统的建立可能会触及个别部门或个别人的利益，那项目推进的难度就会倍增。所以，先做试点，再做推广，积累经验，总结教训，打磨团队。

在试点项目的选择上，企业可以选与各部门相关且对大多数部门来说是痛点或者是无关痛痒的项目，也可以选董事会或管理层高度关注的项目，视时机而定，也视项目推进团队的能力和信心而定，同时考虑整个管理信息系统导入计划，以期让试点得到的成果与经验对后期计划的推进有所助益。

4. 完善授权管理及信息安全管理。

企业开发管理信息系统时，应当将生产经营管理业务流程、关键控制点和处理规则嵌入系统程序中。在开发人员组成上，建议履行内控职能的部门加入管理信息系统的开发过程中。系统关键控制点的设置、审批权限的设定以及异常流程的处理规则与程序，需要内控职能部门加以确认后方可进入开发环节。

开发完成后，进入使用阶段，企业应当加强信息系统运行与维护的管理，制定信息系统工作程序、信息管理制度以及各模块子系统的具体操作规范，及时跟踪、发现和解决系统运行中存在的问题，确保信息系统按照规定的程序、制度和操作规范持续稳定运行。

管理信息系统建设的全过程，包括前期的讨论，后期的开发、运行和维护，都应当绷紧信息安全这根弦，重视信息系统运行中的安全保密工作。比如，确定信息系统的安全等级，定期对数据进行备份，制定系统恢复计划，规定对于服务器等关键信息设备未经授权任何人不得接触等。

全面预算管理

全面预算管理作为对现代企业成熟与发展起过重大推动作用的管理系统，是企业内部控制的一种主要方法。这一方法自 20 世纪 20 年代在美国的通用电气、杜邦、通用汽车公司产生之后，很快就成为了大型工商企业的标准作业程序。作为一种从最初的计划、协调，发展到兼具控制、激励、评价等诸多功能于一体的综合贯彻企业经营战略的管理工具，全面预算管理在企业内部控制中日益发挥核心作用。正如著名管理学家戴维·奥利所说的，全面预算管理是为数不多的能把企业的所有关键问题融合于一个体系之中的管理控制方法之一。

预算是一种系统的方法，用来分配企业的财务、实物及人力等资源，以实现企业既定的战略目标。企业可以通过预算来监控战略目标的实施进度，控制开支并预测企业的现金流量与利润。全面预算反映的是企业未来某一特定期间（一般不超过一年或一个经营周期）的全部生产、经营活动的财务计划，它以实现企业的目标利润（如销售量、生产量、成本、资金筹集额等）为目标，以销售预测为起点，进而对生产、成本及现金收支等进行预测，并编制预计损益表、预计现金流量表和预计资产负债表，反映企业在未来期间的财务状况和经营成果。

全面预算作为一种全方位、全过程、全员参与编制与实施的预算管理模式，通过将企业的资金流与实物流、信息流相整合，优化了企业的资源配置，提高了资金的使用效率，进而对作业协同、战略贯彻、经营现状与价值增长等方面的最终决策提供支持。全面预算管理利用预算对组织内部各部门、各单位的各种财务及非财务资源进行分配、考核、控制，以便有效地组织和协调企业的生产经营活动，完成既定的经营目标。

由此看来，全面预算管理更多的是从时间轴上强调管理的系统性、适应性和效益性，是内部控制在实际操作中的一个不错的抓手。但是，企业要想使全面预算管理达到预期的效果，必须要特别关注和防范预算管理中的风险。实行全面预算管理需关注的主要风险有三个。

一是不编制预算或预算编制不全，可能导致企业经营缺乏约束、盲目发展或发展不均衡。

不编制预算的企业，类似于脚踩西瓜皮，滑到哪里是哪里，走一步看一步，还有些企业只针对某些部门编制预算而对另一些部门疏于控制。这样做的后果就是其通常会让企业陷入无约束状态，或者使控制过度了的部门活力不够，疏于控制的部门野性十足，导致发展畸形。

二是预算目标不合理、编制不科学，可能导致企业资源的浪费或发展目标难以实现。

预算目标不合理，有两个极端，一个是预算太松，一个是预算太紧，可能体现在预算的整体上，也可能体现在预算的局部上，还可能同时存在，即有些预算单位的预算过松，有些预算单位的预算则过紧。预算过松，会导致企业资源的浪费，资源利用效率的下降；预算过紧，则会导致预算执行困难，"又想马儿跑，又想马儿不吃草"，最终损害的是企业自身，导致其发展目标难以实现。

三是预算缺乏刚性、执行不力、考核不严，可能导致预算管理流于形式。

因为预算是靠数字来展现的，预算执行的进度追踪也是基于数字的，通常刚性十足。但在实践中，却有很多的预算缺乏刚性、执行不力、考核不严。这可能是因为做预算本身只是过场，是否执行、执行得如何，无人关注；可能是因为预算本身编制有问题，没有明确的指标设定，或设定的指标不利于追踪，导致无法考核；也可能是因为考核与预算达成情况并不挂钩，导致无考核无追踪，预算也就流于形式了。

针对以上问题，我们可以从预算管理的负责机构上着手解决。企业设立预算管理委员会履行全面预算管理职责，其成员由管理层组成。当然，实践中也许并不会有单设的预算委员会，也许会有其他的称呼，但其实质上均由各级管理层组成。预算管理委员会主要负责拟定预算目标和预算政策，制定预算管理的具体措施和办法，组织编制、平衡预算草案，下达经批准的预算，协调解决预算编制和执行中的问题，考核预算执行情况，督促完成预算目标。预算管理委员会下设预算管理工作机构，由其履行日常管理职责。预算管理工作机构一般设在财会部门。财务部门的负责人协助高级管理层负责企业全面预算管理工作的组织领导。预算编制完成后，应提交董事会等决策机构予以批准。

就预算管理的过程来看，我们可以从预算编制、预算执行和预算考核这三个方面着手加以控制。

1. 预算编制

预算编制，以销售预测为起点，对生产、成本及现金收支等进行预测，并编制预计损益表、预计现金流量表和预计资产负债表。整体的流程如图 8-4 所示。

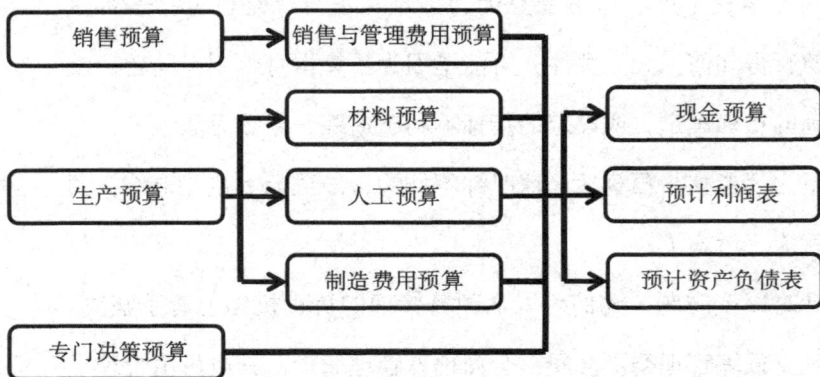

图 8-4　预算编制流程

明确预算编制的流程之后，就该选择预算编制的方法了。很大程度上说，编制方法的选择决定了预算编制的效率与质量。

通常来说，企业采用传统的增量预算方法（又称调整预算方法）来编制预算，就是以基期（一般是上一年度）成本费用水平为基础，结合预算期业务量水平及有关影响成本因素的未来变动情况，通过调整有关原有费用项目来编制预算。增量预算法的假设前提是：现有的业务活动是企业必需的，原有的各项开支都是合理的，增加费用预算是值得的。

但实际上操作起来就变成，每届预算年度开始，各单位以上一年实际支出为基础，再增列一笔金额，巧妙装饰后，作为新计划提交最高领导层审批；主持预算审批的领导，明知预算中有"水分"，但因不能透彻了解情况，只得不分良莠，一律砍掉 30%（或更多），随后开始一个争吵过程；经过一场博弈后，预算编制完成。几乎所有的申请单位都意见纷纷，大家都认为这套办法必须改革，但年复一年，仍不见有多少起色；这种不分青红皂白砍一刀的做法，使有经验的人员有意把预算造得大大超过实际需要，以便"砍一刀"后还能满足需要，而对那些老老实实做预算的人来说则叫苦不迭。好在"吃一堑，长一智"，明年再做预算时就"有经验"了。结果，不啻是在鼓励下级欺骗上级。而在每年第四季度一些企业还会出现突击花钱的现象，否则今年的预算不用足，连带着明年都要没钱花。但好处就是简单易行，有基础数据可供参照。

除增量预算方法外，还有另外一种零基预算方法。零基预算法与增量预算法完全相反，在编制预算时对于所有的预算支出，均以零为基底，不考虑以往情况如何，从根本上研究分析每项预算有否支出的必要和支出数额的大小。这种预算不以历史为基础作修修补补，在年初重新审查每项活动对实现组织目标的意义和效果，并在成本—效益分析的基础上，重新排出各项管理活动的优先次序，并据此决定资金和其他资源的分配。但零基预算法也不是全无缺点，零基预算法的编制工作量大，费用相对较高；在分层、排序和资金分配时可能受主观影响，容易引起部门之间的矛盾；任何单位工作项目的"轻重缓急"都是相对的，过分强调项目，可能使有关人员只注重短期利益，忽视本单位作为一个整体的长远利益。

零基预算法与传统的增量预算法截然不同，主要表现在三个方面。第一，预算的基础不同。增量预算法的编制基础是前期结果，本期的预算额是根据前期的实际金额调整确定的。零基预算的基础是零，本期的预算额是根据本期经济活动的重要性和可供分配的资金量确定的。第二，预算编制分析的对象不同。增量预算法重点对新增加的业务活动进行成本—效益分析，而对性质相同的业务活动不作分析研究，零基预算法则不同，它要对预算期内所有的经济活动进行成本—效益分析。第三，预算的着眼点不同。增量预算法主要以金额高低为重点，着重从货币角度控制预算金额的增减。零基预算法除重视金额高低外主要从业务活动的必需性以及重要程度来分配有限的资金。

这两种方法各有利弊，也各有其适用性。企业在进行选择时，首先要考虑公司业务的模式、经营环境、成本结构等的变动程度。若变化不明显，不足以影响企业目标的实现方式，则用增量预算法。其次要考虑预算编制的审批者对公司业务了解的深入程度。若审批者有能力有方法深入了解公司的业务，能合理评估预算的必要程度，则用增量预算法。最后要考虑预算编制主导者的实施能力，若有能力辅导各部门从零开始，可以选用零基预算法。选用适当的预算编制方法，是保证预算编制质量的最主要一环。

企业不仅要关注预算编制方法的选择，还要关注预算编制工作制度的建立和完善。明确编制依据、编制程序、编制方法等内容，确保预算编制依据合理、程序适当、方法科学，避免预算指标过高或过低。企业应当在预算年度开始前完成全面预算草案的编制工作。根据发展战略和年度生产经营计划，综合考虑预算期内经济政策、市场环境等因素，按照上下结合、分级编制、逐级汇总的程序，编制年度全面预算。

企业预算管理委员会应当对预算管理工作机构在综合平衡基础上提交的预算方案进行研究论证，从企业发展全局角度提出建议，形成全面预算草案，并提交董事会。企业董事会审核全面预算草案，重点关注预算的科学性和可行性，确保全面预算与企业发展战略、年度生产经营计划相协调。企业全面预算按照相关法律法规及企业章程的规定报经审议批准，批准后，以文件形式下达执行。

2. 预算执行

企业要加强对预算执行的管理，明确预算指标分解方式、预算执行审批权限和要求、预算执行情况报告等，落实预算执行责任制，确保预算刚性，严格预算执行。全面预算一经批准下达，各预算执行单位应当认真组织实施，将预算指标层层分解，从横向和纵向两方面落实到内部各部门、各环节和各岗位，形成全方位的预算执行责任体系。企业在编制预算时，就应该考虑后期预算的执行与追踪，需设定明确的、可量化、公信力强的指标，如以财务部门出具的财务报告为准，或以大家公认的业务系统的统计报表为准，若由预算单位自行提供数据，需有其他有证明力的资料作为佐证；另外，还需分清预算指标的责任单位，建立问责机制。

企业预算管理工作机构要加强与各预算执行单位的沟通，运用财务信息和其他相关资料监控预算执行情况，采用恰当方式及时向决策机构和各预算执行单位报告、反馈预算执行进度、执行差异及其对预算目标的影响，促进企业全面预算目标的实现。企业预算管理工作机构和各预算执行单位应当建立预算执行情况分析制度，定期召开预算执行分析会议，通报预算执行情况，研究、解决预算执行中存在的问题，提出改进措施。

企业批准下达的预算应当保持稳定，不得随意调整。由于市场环境、国家政策或不可抗力等客观因素，导致预算执行发生重大差异确需调整预算的，应当履行严格的审批程序。预算不仅要有足够的刚性，同时预算调整机构还应赋予预算以柔性，做到刚柔并济。

3. 预算考核

企业要建立严格的预算执行考核制度，对各预算执行单位和个人进行考核，切实做到有奖有惩、奖惩分明，企业预算管理委员会应当定期组织预算执行情况考核，必要时，实行预算执行情况内部审计制度。企业预算执行情况考核工作，应当坚持公开、公平、公正的原则，考核过程及结果应有完整的记录。

实践中，做预算考核会遇到在预算单位之间做平衡的情况。尤其是在国有企业或其他有强调团队合作的企业文化的组织中进行考核时，做平衡的情况时有发生。只要有明确的规则，大家有一定的心理预期，平衡之事也未尝不可，但是要注意是否会导致明星员工流失而绩效差的员工却不断沉淀的情况发生。

合同管理

合同，又称为契约、协议，是平等的当事人之间设立、变更、终止民事权利义务关系的协议。合同作为一种民事法律行为，是当事人协商一致的产物，是两个以上的想法达成一致的协议。只有当事人所作出的意向表示合法，合同才具有法律约束力。依法成立的合同从成立之日起生效，具有法律约束力。合同是商品或服务交换在法律上的表现形式，是现代商业世界中主要的行为载体、交易凭据和管理凭据，是经营管理的关键控制点之一，也是内部控制的重要工具。

正常情况下，合同也是业务流程的起点。因为有业务合作，合作双方或多方才签订相应合同，才有后续的组织生产、物品或服务采购、产品或服务提供、开票收款、收货付款等环节。这些业务操作有其内部联系，若连合同这起点都无法列明，又如何在这些业务环节中建立起关联，各项业务操作的依据何在、控制点何来？

合同涉及客户、供应商等外部机构，相对而言，客观性强，说服力强，是一种很好的证明资料。同时，我们可以从合同条款出发，明确经营管理和内部控制的关键点，如合作方、收付款金额、收付款时间计划、信用条件、交付和验收标准等。以此链接后续的财务、生产、采购和销售流程，嵌入控制要求。

目前，我国企业防控法律风险这根弦还没有绷起来。不是压根不签合同，就是不把书面的合同当回事儿。有些企业合同条款订立随意，甚至一份合同里连合同金额都不加约定，或者虽有约定，但连是否含税都没有列明，权利和义务的说明条款基本被认为是可有可无条款，有约定也相当于无约定，甚至合同条款相互矛盾、相互抵触。更有甚者，合同签订部门认为合同与他们无关，不把合同的拟订与修改当作合同签订部门应当承担的职责之一。而合同纠纷的处理方式也很单一，要么选择"自己吃个哑巴亏"，要么处理不当，损害组织的利益、信誉和形象。

怎么做才能控制这些风险，让合同管理逐步走向完善，发挥其在内部控制中的作用呢？

1. 培养员工的法律意识

定期的或专项的法务培训必不可少，其可理论联系实际，强化法律意识。企业可利用个别案例，进行总结教育，也可对重大的专门事项安排集中检查。方法可以多种多样，唯一的目的就是让全员学习法律知识，了解法务风险及其应该承担的责任和义务，始终绷紧防控法律风险这根弦。

2. 完善合同管理流程

企业应有专门的制度和流程对合同管理做出相关的规定，明确订立合同的范围、方式、权限、程序、纠纷解决、档案管理等。实践中，相关人员要严格按照这些规定来执行，不搞例外，没有特殊，有奖有惩。

企业在对外发生经济行为时，除使用即时结算方式外，应当订立书面合同。在合同订立前，应当充分了解合同对方的主体资格、信用状况等有关内容，确保对方当事人具备履约能力。合同应由合同签订部门（如业务部门、采购部门等）负责起草拟订，对于影响重大、涉及较高专业技术或法律关系复杂的合同，应当组织法律、技术、财会等专业人员参与谈判，必要时可聘请外部专业人员参与相关工作，谈判过程中的重要事项和参与谈判人员的主要意见，应当予以记录并妥善保存。经合同签订部门的适当层级审核，并提交财务部门、法务部门等分别从财务、法务等不同角度进行审核，最后由确定层级的管理者负责审批。正式对外订立合同时，应按照规定的权限和程序与对方当事人签署合同，由企业法定代表人或其授权代理人签名或加盖有关印章。属于上级管理权限的合同，下级单位不得签署。授权签署合同的，应当签署授权委托书。

在合同履行过程中，应由相关部门负责跟踪，建立定期汇报机制及异常反馈机制，以期保证正常履约，把可能出现的纠纷消除在萌芽阶段。若发生了合同纠纷，也应存在相应的纠纷解决机制，不致让事态无限扩大，损害企业利益和形象。

企业应至少于每年年末对合同履行的总体情况和重大合同履行的具体情况进行分析评估，对分析评估中发现的不足或问题及时加以改进。

3. 加强合同信息安全管理

企业应当加强合同信息安全保密工作，未经批准，任何人员不得以任何形式泄露合同订立与履行过程中涉及的商业秘密或国家机密，否则会给公司造成经济损失。若不幸涉及关系企业生死存亡的合同，那安全性控制可能就是决定性的控制要素。

内部信息传递系统

《企业内部控制应用指引》认为，内部信息传递是企业内部各管理层级之间通过内部报告形式传递生产经营管理信息的过程。我们也可以认为，内部信息传递是结合企业内部信息传递发展的实际情况，使用系统控制的技术和方法，以构建企业自身内部信息传递内部控制体系的一个动态过程。简单来说，内部信息传递内部控制设计，是内部信息传递内部控制体系建设的首要环节，是构建内部信息传递内部控制体系的过程。

内部信息传递对企业而言就好比人的眼睛和耳朵，需要通过其来获取信息，并据以进行判断和决策。内部信息传递也好比人的循环系统，信息流与资金流、物流一样重要。尤其是在现如今这个瞬息万变的信息技术时代，信息是最重要的资源，快捷准确地传递信息是企业的核心能力之一，也许稍一迟疑，"黄花菜都凉了"。

虽然内部信息传递如此重要，但在实践中企业却未必能控制得好。其主要风险有三个。

1. 内部报告系统缺失、功能不健全，内容不完整。

若一家公司的内部报告系统仅限于财务报告，财务报告可能还是人为处理过的，关于业务内容、进程等信息都是空白的，或仅限于人工收集而无其他可提供验证的信息渠道，好一点的，可能有汇总的信息，但业务的主要指标数据缺失或不全，即使现在的状况还不错，也难以想象其未来前景。

2. 内部信息传递不通畅、不及时。

一个人的手指头被烫了，如果痛感要老半天才传到神经中枢，再等到大脑"闪开"的指令慢悠悠传出来，大概手指头都要烫熟了。这便是反射弧长。当然，这于人体不大可能，但在企业组织里并不少见。在有些企业里，甚至会发生小道消息已经满天飞，正式的报告路径还未启动，或者某些人知道了，另外一些应该知道的人却毫不知情等情况。

3.内部信息传递安全管理缺失。

信息传递必然要涉及不止一个环节、一个人。若传递路径设置不当，授权管理不足或信息技术方面出现问题等，都可能导致信息在传递中发生泄露。轻则让相关人等、相关部门或企业陷入被动，带来损失，重则削弱核心竞争力，损害企业形象，甚至关乎组织存亡。

当组织规模大到管理层已经不能很轻易地知晓组织中的大事小情的时候，建立健全内部信息传递系统便刻不容缓了。内部信息传递系统应与企业相匹配，合适的就是最好的。我们应当根据发展战略、风险控制和绩效考核要求，规范不同级次内部报告的指标体系，全面反映与企业生产经营管理相关的各种内外部信息。比如，与财务数据相关的报告，如关于收入、成本、费用、利润、投资和筹资情况等的报告；与运营相关的报告，如关于订单完成率、交货期、良品率、生产效率、库存水平等的报告；以及专项报告，如投资可行性研究报告、重大建设工程项目报告、研发进度报告等。

我们要制定严密的内部报告流程，充分利用信息技术，强化内部报告信息集成和共享，将内部报告纳入企业统一信息平台，构建科学的内部报告网络体系。这里我们还是要强调不要为报告而报告，没有扎实的管理基础，没有完备的管理信息系统支撑，这样的内部报告系统必然无法起到应有的作用。另外，企业还应该拓宽内部报告的渠道，广泛收集合理化建议。

管理层应当重视内部报告的使用。只有各层级的管理都充分利用内部报告指导企业的生产经营活动，及时反映全面预算执行情况，才可能让内部信息传递系统日臻完美。

这一章列举了五个内控管理的工具。但工具只是工具，用得好不好，得看用工具的人，得看怎么用。本章简单陈述了它们之于内部控制的作用，可能存在的风险与不足，以及如何改善与提升。

第九章

内控循环

　　总有一些人会追问："你们内控整天都在做些什么啊？"甚至很多业内人士也很迷惑："内控能做些什么呢？应该做些什么呢？怎样把内控做好呢？"这一章就来回答这些问题。

内控的角度

　　用一句话来形容内控人的工作状态就是，"拿十万年薪操百万年薪的心"。曾经有位上司，也是一位对笔者影响甚深的良师益友，对笔者说："你们得学会站在我的位置上思考问题。"当时听到这句话有点一头雾水，但是现在想来，这应该就是内控从业人员该有的角度与高度。

　　董事会、管理层总是掌握着公司所有资源的支配权，同时也承担着经营管理公司的责任。内控人员得学会适时从第二层次跳到第一层次去，从公司治理的角度思考内部控制的格局，理解管理层的关注点，理顺公司治理与内部控制的关系，降低这部分的组织内耗，提升公司管理的效率与效果。

　　最重要的一条是理解和把握"控"字。控不是束缚。我们太容易把"控"做成捆手绑脚束缚大家的种种禁令,简单粗暴地要大家遵守条条框框。其实,"控"重在监控过程,以期发现更优化的执行方案、业务流程等。

现在举国上下都在提倡转型升级、创新创业,这是大势。雷军不是也说,"只要站在风口上,猪也能飞起来。"顺势而为总好过逆流而上,毕竟有谁能阻挡历史的滚滚巨轮呢?

何谓创新?创新是指以现有的思维模式提出有别于常规或常人思路的见解,利用现有的知识和物质,在特定的环境中,本着理想化需要或为满足社会需求,而改进或创造原来不存在或不完善的事物、方法、元素、路径、环境,并能获得一定有益效果的行为。

创新,顾名思义,创造新的事物。创是始的意思,所以创造不是后造,而是始造。创造和仿造相对。通常说创造,含有造出了一个前所未有的事物的意味。说创新,大致有两种意味。一种意味是创造了新的东西,这和创造实际是同一个意思。另一种意味是本来存在一个事物,将它更新或者造出一个新事物来代替它。

英语中的 Innovation 一词起源于拉丁语。原意有三层含义,第一是更新,即对原有的东西进行替换;第二是创造新的东西,就是创造出原来没有的东西;第三是改变,就是对原有的东西进行改造和完善。

创新,就意味着要突破现有的条条框框,不能墨守成规。内控要顺应创新创业的大势,不能管得太死,应时刻保有弹性。内控守原则而不囿于原则,更不是为了原则而原则。我们要用动态的、发展的眼光去看待内控,看待公司治理。我们要打造的是鲜活的、有生命力的组织。

综上所述，内控人员既要站在公司治理的高度，了解董事会、管理层的关注点，还要准确把握"控"的度，既要坚持原则又要不失灵活性。

除此之外，还有一个时代的因素不得不考虑，那就是技术。社会分工的日益深化和互联网技术的飞速发展，对人类的生产、生活都产生了巨大的影响。例如，在人力资源行业，以工作任务为目标的雇用方式逐渐兴起，灵活用工等用人形式慢慢涌现。在财务收付方面，也不再以银行转账、现金等方式为主流，尤其是在与个人消费有关的领域，微信、支付宝等移动支付方式日益刷新着人们的收付款理念。我们现在可以不带钱包出门，但不能不带手机。在人与人的沟通方式上，微信、QQ等在线即时沟通方式逐渐取代了传统的电话和短信。我们现在可以欠话费，但不能没流量，没 Wi-Fi。技术进步所带来的这些变化，让身为社会活动主体之一的企业组织，也不得不随之变通，否则就会被时代的浪头"拍死"在沙滩上。组织的内控势必也就不能因循守旧，死抱着既有的内控理论、方法与原则不放，内控也需与技术保持同频共振，方能谱写符合时代节拍的乐章。

内控循环

罗马不是一天建成的，内控也不是一下子就能做成的。聚沙成塔，聚水成涓，要从小处做起，慢慢积累。内控过程是不断修正、不断循环的。由风险评估开始，发现重大风险点，找出日常控制点，建立管理制度和业务操作流程，运用系统的方法管理风险，提高效益和效率。组织各内控主体对内控进行自我评估，由独立的第三方开展内控审计，找出需要控制的环节或领域进行修订或增减制度流程，以期让内控越发完善，也让内控体系逐渐拥有自我修正的能力。内控循环如图 9-1 所示。

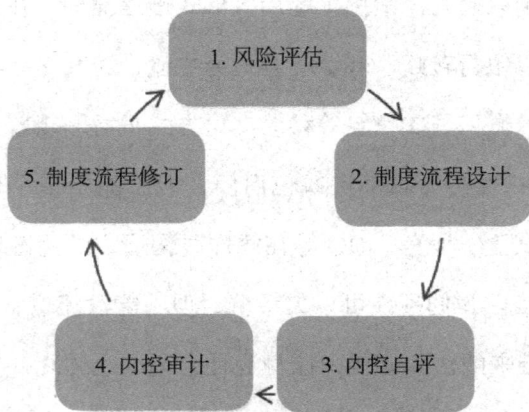

图 9-1　内控循环图

风险评估

对于什么是风险我们已经在前面有过阐述。所有物种都有趋利避害的天性，所谓害就是指狭义的风险，即发生不好事情的概率。当然，前仆后继去投火的飞蛾类昆虫除外。

风险评估是指企业及时识别并系统分析经营活动中与实现内部控制目标相关的风险，合理确定风险应对策略。企业为了达成自己的经营目标，需要辨识、分析和管理相关的风险，以了解自己所面临的风险，并适时适度地加以处理。

风险评估告诉内部控制要控制些什么。譬如抗洪时保大坝，肯定是哪里决堤了堵哪里。风险评估就是要找出哪里已经决堤了，哪里即将要决堤。

在倡导全面风险管理的现在，很多企业都在逐步建立自己的风险模型。企业要在查找各业务单元、各项重要经营活动及其重要业务流程所涉及风险的基础上，列明风险清单，其可以从环境风险、流程风险（营运风险、财务风险、授权风险、信息处理与技术风险、廉正风险等）、决策信息风险（营运风险、财务、战略等）等角度着手。

对所列出的风险清单，要按照相应的标准进行量化。标准可能是客观的，比如财务杠杆系数、资产负债率等。标准也可能是相对主观的，比如战略风险中的政策风险就是见仁见智的。若标准是主观的，也可以选取适当人员对照程度序列进行打分，获得风险的量化值。

无论标准是客观的还是主观的，风险实际上都是主观的。即使确定了未来风险发生的概率，对于风险已成为现实的将来来说，风险发生的实际概率就是100%，如风险未发生则实际概率就是0。

但这么说，并不能抹杀风险评估的意义。若是人人都说那个事危险不能干，通常来说还是不要干得好；若是人人都说某处有漏洞，还是"打个补丁"比较安全。

"非典"肆虐的时候，某校规定学生不许出学校大门，要求大家"关起门"来读书、写论文，私自偷溜出去的同学按校规处置。可偏偏就是有人在后山上开辟了秘密通道，校长在外面溜达，总能惊讶地看到有学生溜出去。某日，逮到某个"傻孩子"。套出实情后校长便去张网以待，于是很多企图出去放风的"倒霉孩子"被逮个正着，漏洞便被堵住。

要发现"秘密通道"，不能由制定规则的人闭门造车。毕竟，高手往往在民间，劳动人民的智慧是无穷的。风险评估这事得由熟悉各项业务和流程又有管理需求的人来进行，方能奏效。

在企业组织中，通常可以由管理层或董事会下设的风险控制委员会"挂帅"，由内控部门牵头，组织各部门的人员组成风险评估小组，对照风险清单进行风险排查与评估，确定企业的风险点所在，并对风险程度进行量化。

确定了谁来做风险评估之后，接下来便是具体操作了。首先要找到评估的风险点。风险管理的目标是组织的战略目标。按战略地图的观点，将战略目标分解到财务、客户、内部运营以及学习与成长四个层面，从而构建战略目标的因果关系。这四个层面的目标再由相应的业务模块与操作流程来支撑。风险评估可以就这四个层面的业务操作来展开。

以财务收款环节为例，确定了在什么时间收多少金额，企业还得考虑会不会收到假钞、收到了钱会不会被收款人员揣进自己的口袋、就算不揣进自己的口袋会不会没有及时缴到公司账户上、会不会让其在公司账外几轮之后再回来，等等。

制度流程设计

　　知道了组织的风险所在，我们就该想办法控制风险，使风险不要超过组织的风险承受意愿和风险承受能力。

　　在公司治理层面上，现在越来越多的企业建立现代企业管理制度。工商管理一度成为大学的热门学科，也是留学生选择的热门专业。从外企到民企到国企，都掀起了管理浪潮。从外资企业开始，把先进技术和管理理念引进来，通过人员的流动、社会咨询等途径，扩散到民营企业和国有企业甚至事业单位、政府服务部门等。现在，身在职场的人不知制度不晓流程的人已经寥寥无几了。

　　对于任何一个组织来说，都不可能没有规矩。就算没有书面的成文的制度，也会有实际执行中不成文的规定要遵守。内控要做的不是消除一切现有规则从头来过，而是针对评估出的组织风险梳理现有的规则，以期用制度和流程来管理组织的运营，从而防范风险、提高效益。

　　我们一直在说制度和流程，也往往在写制度和流程，但很多人并不清楚制度和流程的差别在哪里。事实上，制度和流程既有区别又有联系。

　　制度是法律、法规和政策在企业运营中的具体化，是要求组织的全体成员共同遵守的规章和行为准则，其出发点是职能部门的立场和角度。流程则是为达到特定的价值目标而由不同的人分别共同完成的一系列活动。这些活动之间不仅有严格的先后顺序限定，而且活动的内容、方式、责任等也都必须有明确的安排和界定。ISO9000将流程定义为一组将输入转化为输出的相互关联或相互作用的活动。流程关注的是事物进行中的次序或顺序的布置和安排。

在笔者看来，管理制度可以用于明确管理原则、规则和法则，偏重稳定性，强调部门的承诺；而业务流程则是在管理制度的框架下明确具体操作流程、步骤和文档资料，偏重操作性，强调部门的自我管理。制度的层次更高，用于在企业组织内部划黄色框线。相对而言，流程的层次略低，用于明确在部门内怎么执行而保证不会出黄色框线之外。

制度和流程也是不可分割的。于企业的经营活动而言，制度和流程只是部门职能和管理原则以及业务活动的操作次序和价值联系在不同角度上进行的观察、界定与管理。于管理企业的经营活动而言，两者皆可用，两者也皆须用。

业务在哪儿，风险就在哪儿，内控就应该在哪儿。我们再以财务收款环节为例，看一下制度流程的设计。

风险之一——收到假钞的风险。发现假钞是控制点之一，相关人员就可以通过提供技术支持规避此类风险，如安装验钞机并及时升级；然后是人员控制点，可以实行责任制，收款人员对钞票的真假负责，若是未能发现假钞或主动混入假钞，则是该人员的责任，必须自己赔偿。这是制度管理的范畴。

风险之二——钱款被收款人员揣进自己口袋的风险。收多少钱不能由收钱的人说了算，收钱都得给收款凭据，收钱的和付钱的不是同一个人，收钱的也不负责做账。这是流程的管理范围。

风险之三——就算相关人员没有揣进自己的口袋，那他会不会没有及时缴到公司账户上、会不会让其在公司账外几轮之后再回来。相关人员要将收的钱每天都存进银行，要做好现金台账，由独立于收钱人的人不定期地进行现金盘点。这还是可以由流程来解决的。

综上，制度和流程的设计也没那么难以理解或高不可攀，它是想要把一摊事管好的人都应该有的正常思考过程与结果。他们把这些内容以文字或流程图的方式展示出来，就成了制度和流程，就完成了内控管理的设计部分。

内控自评

如果说风险评估与随后将要提到的内控审计是批评，那内控自评就是自我批评了。批评是指对别人的缺点或错误提出意见，自我批评是对自己的缺点或错误进行的自我揭露和剖析。

传统的控制就像紧箍咒一样，试图通过强制性的措施来约束大家的行动，并与标准相互比对，及时采取纠正行动。但这种控制是一种消极的行为，自我控制才是一种积极的行为。作为一种有效的方法，内部控制自我评价就是为了鼓励自我控制的，它允许员工参与到发现控制问题并提出建议的过程中。

正如第二章对定义的解读中所言，内控是全员的事。内部控制不只是内控内审人员的事，不只是高级管理层才关心的问题，而是组织内部所有成员的事。通过内控自评让员工了解哪里存在缺陷，这样的缺陷可能会导致什么样的不良后果，可以采取什么样的措施来防范，实际是怎么执行的，执行的有效性如何，并对风险进行评估。利用内控自评这一工具可以引导员工去梳理业务操作中的风险点，并自主采取行动改善目前的操作状况。其目的不在于揪问题、抓小辫子，而在于引导员工从内部控制的角度去看业务流程的设计与执行，定期督促员工做系统回顾。

综合来看，内控自评就是内控部门定期地按照程序对自身的内部控制系统进行评价，重点评估内部控制的有效性及其实施的效率与效果，揭示、防范和管理企业风险，以便能更好地实现内部控制的目标，完善内部控制体系建设，促进组织改善内部控制及风险管理。

表 9-1 是一份 IT 部门的内控自评表示例。通常由内控部门编制，也可以由内控部门牵头、各职能部门配合，组成内控自评小组来完成表单的编制。以下是对表单的解说及填写说明。

表头部分需填写自评单位名称及自评期间。自评期间通常为公司的会计年度，国内企业通常都是每年的 1 月 1 日至 12 月 31 日。

第一字段"目标"，旨在说明各自评单位应该达成的控制目标，自评单位无须填写与变更。

第二字段"风险"，旨在说明"目标"无法达成时，可能存在的不利影响，此部分由内控部门先行填写，自评单位无须填写与变更。

第三字段"控制点"，旨在说明为达成目标或避免风险的发生，按现有流程与操作应该有的控制点，此部分可以由内控部门先行罗列，若自评部门认为需要作文字修改，请将要作修改的内容填写于第四字段"修正控制点"里，下一年底再次作自我评估时将会更新。

表 9-1 内控自评表示例

××有限公司内控自评表——IT 篇

部门：

检查期间：××.01.01—××.12.31　　风险评估：　高→目标不能达成但整体影响性大。
中→介于上两者之间。
低→目标不能达成但整体影响性小。

目标	风险	控制点	修正控制点		底稿编号	评分			风险评估		
			设计	执行		书面资料	执行程度	总分	高	中	低
						无0分　有4分	0~10分	★标准10分 ★10分以下未达标准			
1. 识别可用以满足产品需求与管理过程需求的新技术	(1) 技术发展部门不知道产品、运营或管理过程的需求	a. 借由管理阶层与技术发展部门的定期会议，将公司未来发展方向清楚地告知技术发展部门									
		b. 不定期由技术发展部门向公司管理层介绍新技术发展的方向及状况									
		c. 建立技术发展部门与各职能部门（如业务部门、后台支持部门等）之间的沟通渠道，并保证其正常运作									
		d. 借由新技术开发部门的运作，配合公司未来发展方向，预先进行新技术开发									
	(2) 技术发展部门工员缺乏识别或发展适当技术的能力	a. 根据公司未来发展的方向，雇用胜任人员									
		b. 及时关注技术的升级与更新，定期汇整信息，提交研究报告									

（续表）

目标	风险	控制点	修正控制点		底稿编号	评分			总分	风险评估		
			设计	执行		书面资料		执行程度	★标准10分	高	中	低
						无0分	有4分	0~10分	★10分以下未达标准			
2. 知晓会影响企业前景的科技发展	(1) 管理层无法得知现今科技的发展	a. 注意商业、科技及产业相关文献及杂志的报道										
		b. 出席科技研讨会、讨论会或其他类似展览会，加入行业协会等相关组织										
		c. 定期沟通信息，包括正在进行中的或计划要进行的研发计划的性质、状况、预期将使用的科技以及与研发计划有关的其他信息										
	(2) 具备相关知识的技术人员未参与该计划	a. 定期汇总科技发展信息及研究报告，分发适当人员										
		b. 构建跨部门的研究开发项目小组等非正式组织										
3. 确保发展中的技术不会侵害别人的专利	(1) 该技术未适当界定	a. 尽可能在发展科技过程的早期，或在观念成形阶段，即留存详细的技术规格、计划、图表或其他相关数据。并在随后的研发过程中，对早期的数据进行更新										
		b. 接触电子数据或管理系统中的机密性记录时，必须使用密码；且密码应定期更换										

（续表）

目标	风险	控制点	修正控制点		底稿编号	评分		执行程度	总分	风险评估		
			设计	执行		书面资料		0~10分	＊标准10分 ＊10分以下未达标准	高	中	低
						无0分	有4分					
3. 确保发展中的技术不会侵害别人的专利权	（2）相关专利权未予辨认，忽略现有的专利权	a. 进行专利权研究时，将技术数据通知法律顾问，寻求专业建议 b. 由专人关注或收集相关专利，供研发人员参照 c. 技术研究项目须待适当管理阶层核准后，方可进行										
4. 进行投资报酬最高的项目	技术发展部门进行的研究项目未能配合企业整体目标	a. 通过管理会议确认各项目是否合整体目标 b. 项目须经核准 c. 管理层将项目的优先级情楚目完整地告诉技术发展部门										
5. 借由信息系统的协助，落实公司的经营计划	信息系统所能提供的财务与经营管理信息不能持续，管理信息无法支持落实公司分支的经营计划	a. 关注信息系统设计的前瞻性与可用性 b. 了解公司的经营计划及其跟踪方式，以及公司内部控制的需求										

149

（续表）

目标	风险	控制点	修正控制点		底稿编号	评分		总分	风险评估		
			设计	执行		书面资料 无0分 / 有4分	执行程度 0~10分	*标准10分 *10分以下未达标准	高	中	低
6. 信息系统衡量、处理及保存的信息正确且完整的信息；提供该完整的信息给适当信息给适当人员使用	（1）信息系统的设计未考虑使用者的需求；信息系统的使用不适当	著实形成信息系统生命周期的观念。确定信息系统的生命周期，分为以下八个阶段： ・提出信息设计系统的需求 ・进行可行性研究 ・确定信息系统的基本设计 ・确定信息系统的详细规格 ・编写程序及测试程序 ・进行系统测试 ・进行系统转换 ・用户验受，并核准信息系统									
	（2）修正信息及程序的做法不大当	a. 信息系统及计算机程序的变更须妥当控制。变更信息系统及计算机程序变更的程序，包括： ・提出信息系统或计算机程序变更的申请，并经适当核准 ・在变更过程中，全程追踪记录 ・使用部门所有的变更，包括在数据处理时测试所发生的变更，使用部门及数据处理部门核准测试的结果 ・提出变更请求的部门经测试核准 ・把因变更而产生的影响通知数据处理部门 ・编写或更新系统与程序的手册，如操作手册、用户手册、程序说明及系统介绍等									
		b. 在处理数据时所使用的控制指令及参数，须与核准已核准的相同									

（续表）

目标	风险	控 制 点	修正控制点	设计	执行	底稿编号	评分 书面资料 无0分/有4分	评分 执行程度 0~10分	总分 *标准10分 *10分以下未达标准	风险评估 高	中	低
6. 信息系统衡量、处理及保存的信息，是完整且正确的；提供该信息给适当人员使用	（2）修正信息及程序上正确的做法不大当	c. 建立适当程序，确保在下列情况发生时，能够辨认作业员的操作，并上报。核准其操作。例如： • 初次加载系统软件及应用软件 • 系统软件发生故障 • 重新启动及复原 • 紧急状况 • 其他不寻常的情况	科技公司自行开发程序 多以B/S①方式 紧急情况 多发于服务器端									
	（3）数据文件在未经核准的情况下，亦被取阅	a. 制定企业保护信息安全的政策；管理层明述其对保护信息安全的承诺，并落实于行动 b. 将上述信息保全政策转化为制度和流程，针对下列信息类别（加业务、财务、人事、技术等）及其安全分类的标准（如业务机密、机密，机密等）各类数据，限内部使用或非机密的一般数据（含单位），以及保护数据安全的控制										

① B/S 即 Browser/Server，浏览器/服务器模式，是 Web 兴起后一种网络结构构模式，Web 浏览器是客户端最主要的应用软件。

151

（续表）

目标	风险	控制点	修正控制点		底稿编号	评分			总分	风险评估		
			设计	执行		书面资料		执行程度		高	中	低
						无0分	有4分	0~10分	★标准10分 ★10分以下 未达标准			
6.信息系统衡量处理信息，是否完整且正确的存储信息；提供信息给适当人员使用	（3）数据文件在未经核准的情况下，亦被取阅	c.机密性信息所面临的威胁与需要的保护层，信息所有人、计算机操作人员、系统使用人及内部审计人员，对于下列项目负担的责任： • 信息的所有权 • 取得信息的程序 • 确定用户取得信息的程序 • 授权的要求 • 监督信息安全的程序 • 未遵循准则及程序的后果 • 若有必要，执行保全计划										
	（4）未经核准，程序可能遭到修改	考虑评估信息安全的风险 • 使用保护信息安全的软件包，确保其执行及授权的情况下被修改 • 适当控制系统软件，不至于在未经授权的情况下被修改 • 设置保护计算机硬件、软件及数据实体安全的措施										

（续表）

目标	风险	控制点	修正控制点	设计	执行	底稿编号	评分			风险评估		
							书面资料 无0分 有4分	执行程度 0~10分	总分 ☆标准10分 ☆10分以下未达标准	高	中	低
7. 在需要使用时，信息系统即可使用	(1) 未制定维持信息系统持续运行的管理办法	a. 管理层及责任部门承诺将妥善处理信息系统所遭遇的意外事项 b. 制定并落实信息系统持续运行的应急计划 c. 新增信息系统时，评估其对系统持续运行的影响；修改时也一样 d. 制定替代方案										
	(2) 备份及复原程序不良	定期备份重要数据文件；将系统及程序的备份储存于计算机房以外的场所										
	(3) 信息资源的防护措施失当	定期测试防止系统中断计划的有效性										

结论/改善措施：

复核人：

填表人：

第四字段"修正控制点",参阅第三字段的说明。

第五字段"设计",填写相关管理制度、业务流程的编号或某些决策与运营机制的设置(如××委员会、××联合工作小组、××会议等)。

第六字段"执行",主要提供实际执行情况的说明,描述应具体化,而非"是"或"否"。

第七字段"底稿编号",按目标和控制点的回复,附工作底稿并按顺序编号,即用资料证明确有执行。

第八字段"评分"。若有"书面资料"勾选"有",若没有勾选"无";"执行程度"的选择区间为 0~10 分,可自行评估打分。在"书面资料"及"执行程度"字段勾选完后,将两部分的得分合计填写在"总分"的字段上。

第九字段"风险评估",此字段由自评部门自行确认业务操作的风险性,如属高风险则勾选高,属中风险则勾选中,属低风险则勾选低。

以上字段的填写都完成后,在表单下面填写"结论/改善措施",对该部分自评内容进行总结性的陈述。

这是一份基于部门岗位职责的内控自评表,并不局限于某个业务循环。当然,若组织的职能分工能清晰地归于某个业务循环,按业务循环来设计内控自评表也是个不错的选择。原因是业务循环的控制点设计相对标准化,表单的设计及后期的评估与分析更容易操作,尤其是组织结构变化快而大的组织,其不需要随组织结构的变化而修改表单。

在表单部分全部填写完毕,并将佐证资料收集妥当后,由自评人员签名及其负责人复核后,提交内控部门存档。复核人员的层级可视实际情况确定,总的原则是宜高不宜低。因为层级越高对内控的需求程度越高,控制力度也越强。

在这个过程中，相关人员花的力气最多的是在中间填表环节，需要组织相关的责任人召开说明会，由培训部门负责人帮助解读如何填写这样的自评表单，以使填写的内容与表单设计者期望了解的内容一致，衡量标准一致，对标准的把握也一致。

通过组织填写这样的内控自我检查表，自评部门可以清楚地了解在实现其所要的控制目标过程中可能产生哪些风险，针对这样的风险应该设置哪些控制点，对这样的控制点，自评部门需要做哪些设计，实际执行情况如何。最后，综合这些情况进行风险等级评估，确定风险的高中低等级。从而对部门的业务操作进行全面的回顾，在表单设计者的引导下全面检视其内部控制的设计与执行，发现缺陷，完善并整改，以期从流程责任人的角度主动自发地完成内部控制的完善工作。

前后两个部分的工作需要相关人员花费较多的心思，前面是表单的设计，要结合一般的业务循环控制点来展开，同时考虑组织自身的特点，设定控制目标，找出控制风险，罗列关键控制点。这需要表单编写人既非常了解一般业务循环控制的要求，又要谙熟所要评估部分的业务，并且还要把这二者结合起来。在完成初稿之后，最好与自评部门的负责人进行沟通与交流，确保所要评估事项的完整性，确认评估点的准确性与适当性。而后面的则是对所填写表单的检查与分析。通过检查与分析表单中关于设计与执行的文字描述和佐证材料的真实性、合理性，无论是内控部门还是自评部门都可以判断本部门的内控情况及风险所在。

内控自评通常也是内控部门发现内控缺陷的渠道之一。通过对内控自评表单填写情况以及设计与执行的佐证资料的检查，可以发现控制点是否完备，针对这些控制点的制度和流程设计如何，实际执行情况怎样。经过这样的设计和执行之后，相关人员要对风险情况进行评估，关注高风险的领域。

内控审计

如果说内控自评是职能部门或分支机构内部的自我认识与自我改善活动，那内控审计就是外部的改善活动。随着内控这一概念逐渐被接受，内控审计也逐渐走到台前，进入大家的视野。

内控审计，顾名思义，就是针对企业的内控情况所进行的审计活动，对特定基准日企业内部控制设计与运行的有效性进行评价。其是通过对被审计单位的内控制度的审查、分析测试、评价，确定其可信程度，从而对内部控制是否有效做出鉴定的一种现代审计方法。内控审计是内部控制的再控制，是企业改善经营管理、提高经济效益的自我需要。

内控审计的对象便是内部控制，目的就是要评价内控制度设计和执行的有效性，检查并评价内部控制的合法性、充分性、有效性及适宜性。内部控制的合法性、充分性、有效性及适宜性，具体表现为其能够保障资产、资金的安全，即保障资产、资金的存在、完整、为我所有、金额正确、处于增值状态。所以，内部控制审计就是检查并评价内部控制能否确保资产、资金的安全，即检查并评价内部控制能否保障资产、资金的存在、完整、为我所有、金额正确、处于增值状态。

内部控制审计与财务报表审计是不同的，主要表现在以下两个方面。

第一，财务报表审计直接评价财务报表，或者说直接评价资产、资金本身的安全状态，其目标对象是资产、资金本身，而内部控制审计直接评价内部控制能否保障资产、资金的安全，其目标对象是内部控制，资产、资金只是作为中间的观察对象而已。

第二，财务报表审计主要评价财务报表所反映的存量资产、资金的"静的安全"，一般不评价资产、资金的"动的安全"，即不评价资产、资金在流转中的增值性；而由于内部控制既要保障资产、资金"静的安全"，又要保障其"动的安全"，所以内部控制审计既检查资产、资金的"静的安全"，又检查资产、资金的"动的安全"。

就审计范围而言，内部控制的审计范围限于特定日期的内部控制。通常，审计人员对某特定日期的内部控制进行审核。特定日期可以是会计年度结束日，也可以是某个中期结束日。对某特定日期的内部控制审核时，审计人员会在接近于此日期之前的一段时间内对内部控制进行了解和测试，并对该日期的内部控制有效性发表审核意见。

内控审计的一般操作步骤有五步。

第一步，了解企业的内部控制情况，并做出相应的记录。这是内控审计的第一步，其主要目的是通过一定手段，了解被审计单位已经建立的内部控制制度及执行情况，并做出记录、描述。

第二步，初步评价内部控制的健全性。确认内部控制风险，确定内部控制是否可依赖。在对控制环境、控制程序和会计系统进行调查了解，对被审计单位内部控制有初步认识的基础上，应对内部控制风险和内部控制的可依赖程度做出初步评价。

第三步，实施符合性测试程序，证实有关内部控制的设计和执行效果。通过对内部控制进行初步评价，基本掌握被审计单位内部控制的强弱环节，为进行符合性测试确定一个前提。

第四步，评价内部控制的强弱，评价控制风险，确定在内部控制薄弱的领域扩展审计程序，制定实质性审计方案。

第五步，撰写内控审计报告，提供审计建议。

制度流程修订

在内控自评的基础上，在内控审计的建议下，内部控制的责任部门接下来就要进行内控的整改了。

评价，无论是自我评价还是内控评价，都是一分为二的，既评价设计又评价执行。与此同时，整改也分为两部分，一部分是制度流程的修订；另一部分是执行与设计不一致时，如果只是执行走样，就针对执行想办法。当然，所谓的设计和执行的二分法，也只是方便说明与研究而已，在管理实践中，这二者是密不可分的。毕竟，设计的有效要以执行的有效为基础，基于无效的设计而妄想执行有效简直就是缘木求鱼。

无论如何，总要规则先行，也即首先要完善制度流程的设计。针对自评结果和审计所提出的建议，内控相关方要充分调查、仔细研究、缜密思考，在现有的制度流程的基础上，新增必要的控制，减少过时的、不必要的控制，或在现有的制度流程上进行调整与修改。笔者所在企业的内控手册总是在自我评估与内控审计之后进行例行的修订，除部分成熟的、标准的、稳定的业务外，每年总有一定比例的修改。内控手册例行修订比例较低的部门，往往是内部审计部门在其下一年的审计计划中高度关注的目标审计对象。因为如果不是成熟的、标准的、稳定的业务，实际的运营与管理通常会有一定的变化，而如果制度和流程却几乎未改变，那不是设计和执行相脱节，就是运营管理的实际情况很糟糕。实际上这也是从事后监督的角度，倒逼前端内控的提升。

制度流程的修订操作与其设计操作非常相似，可参见"制度流程设计"一节的陈述。

内控附加题

与早期的等级结构相比，现代组织更富有弹性，并鼓励员工更多地参与管理。即使在最简单的组织中，相互作用的组织结构也要求有共同的目标和指导，以通过战略、战术决策和操作控制过程来实现这些目标。尽管控制的目的是调节组织行为以实现组织目标，但这不只是简单地减少那些阻碍实现目标的行为。为了防止和解决问题，内部控制系统还要激励那些对实现组织目标有积极作用的行为。内部控制具有"激励那些对实现组织目标有积极作用的活动，防止那些威胁组织目标实现的行为"的双重功能。

尽管"控制"一词通常与限制行动联系在一起，但是为了保持竞争力，现代组织一定不是僵死的，而会拥有一定的弹性。面对放松管制而不断增长的竞争、生机勃勃的市场、飞速发展的技术创新及流动的且充满希望的劳动力，现代组织需要比以往更加敏锐和富有活力。尽管政策和程序是维持可靠的系统和保证前后一致的行动所必需的，但如果这些程序和制度过于压抑和拘束人的积极性，一旦出现问题，员工便无力解决。因此，组织应当努力培育一种奖励员工、鼓励创新、正直可靠的控制环境，这样才有可能放权于员工，充分发挥员工的创造力，使组织发展契合当今的社会和市场的发展与变化。在这方面成功的企业近年来越发被世人所知晓，为世人所仰慕并学习，比如海底捞、德胜洋楼、海尔等。

当然，控制也会因员工的不理解、马虎、疲劳而丧失效率，同时，员工也可能因不理解或不认同而对控制产生敌意并采取消极的态度，这些事件和行为都会对组织目标构成威胁。所以，一个健康的内部控制系统既能防止危害行为和事件的发生，也能鼓励对实现组织目标有贡献的积极行为。也可以说，内控除了防范风险之外，还要做到改善流程、提升效率。而后者是内控要做的附加题，专为"内控学霸"所准备。

针对以上问题，如下是几点解题提示。但请注意，该题是开放性问题，没有标准答案，只要能够自圆其说并有实践结果证明即可得分。

解题提示之一，建立并充分借助管理信息系统。

管理信息系统的应用一如二十多年前的计算机应用，已经逐步普及，未来会变得不可或缺。但很不幸的是管理信息系统在我们国内企业中的应用程度不一，大多数的企业还没有建立起完善的管理信息系统。虽然现在大家都在说大数据、互联网＋、人工智能，而信息系统有些过时，但实证研究永不过时，因为其有现实价值。管理信息系统要紧跟技术，但其价值并不体现在技术有多先进，而在于技术与企业管理的实践相结合产生的化学反应上，在于它能给企业带来的价值上。其价值体现在以下三个方面：第一，可以简化、优化作业流程；第二，可以通过数据分析，找出改善点；第三，可以实现及时甚至是即时的管理。

下面我们以项目管理为例来进行说明。在立项时，相关人员便可以明确按项目收益率的高低区分审批路径，项目收益率越低的审批层级越多，审批人的职位越高；也可以设定项目收益率底线，低于某一数字时便不能提交。这样，各审批环节就可以以系统设置为理由对不合规项目不作审批，即使想"法"外开恩也没办法操作；而对项目申请者而言也很明确——什么样标准的项目是可行的，超过了可以走什么样的审批程序，要针对性地提交什么样的资料或进行什么样的说明。

在项目进行过程中，相关人员可以利用管理信息系统，对已经在系统中记录的信息加以汇总整理，将其分别对应到项目立项申请中的项目，收入、成本等一目了然。若涉及进度，其也可以嵌入进度控制。就拿项目付款环节来说，除了节省汇总数据的人工之外，相关控制也能让项目执行单位难以逾越系统设置，违规超限等付款也就能得到有效遏制。而信息系统还有一个有利之处就是可以实现及时甚至是即时的管理。只要发生项目收款动作，就会被系统所记录；财务确认了付款，同样也会被系统所记录。然后，通过事先设定的数据抓取逻辑，就可以把收入和支出的情况实时地反映到管理者的管理面板上。同样，项目的签约、履约情况都可以做到实时反映。于是，管理者就可以看到每个项目当前的运行情况，每一类项目的汇总情况，每一部门项目的汇总情况。同时，通过这些也可以倒逼项目操作人员按照系统设定好的流程进行操作，若有疏忽可以提醒，若有懈怠可以鞭策。

在此基础上，管理者还可以做进一步的分析，看看各类项目的收益率如何，运营情况的其他关键性指标如何，可以在哪些地方进行改善，又该针对哪些具体的指标进行改善，由谁经过哪些步骤便可完成这些改善。比改善单个项目更重要的是其培养了管理者和普通员工进行系统化思考的理念，有助于推动实施对组织目标有贡献的积极行为。

解题提示之二，利用流程观点，打通部门与部门之间的壁垒。

现有的组织多是按部门职能来分工的。由于不同的行业和企业特性，有些企业的部门划分考虑了业务流程的因素，有些企业的部门划分还是完全按照传统的集权特点、明显的金字塔型来进行的，主要向上级负责，而不是面向客户、面向竞争的主营业务流程及信息化管理体系。当然，内控的咨询功能仅限于企业内部，难以推动业务流程重组与再造，但我们可以曲线救国，利用流程理念和管理信息系统工具，打通部门与部门之间的壁垒，消除人为设置的流程梗阻点，让流程上相邻的岗位保持实质上的关联，在一定程度上形成流程管理与部门化职能管理的矩阵管理结构，克服部门化特征过于明显导致的业务流程效率的降低。

解题提示之三，找出影响效率的痛点，开展专题研讨。

身处职场的人经常会有这样的感受，事情越做越多，人手总是不够，有时候加人能解决问题，但有时候加了个把人也没什么改善。这时候，聪明的管理人员应梳理目前的工作环节与任务分工，尤其是要特别关注瓶颈流程和占用员工工作时间的前几大因素，找出解决的办法或缓解的渠道。对整个组织来说也是一样的，只是要调节的范围扩大了，主持研讨的层级上升了。考虑到实际操作的可能性与便利性，我们建议由履行内控职能的部门（如内控部门、综合管理部、总经理办公室或管理者联席会议等机构）来主持这样的专题研讨。讨论的焦点在影响效率的环节，决定一个解决方案后大家一致执行，定期检讨。在执行时可以由非正式的联合工作小组来领导，或由某一部门牵头相关部门配合，或在现有的框架内做某些变动，如可以修改流程，可以改变部分责任归属，可以通过某个信息系统模块来联动等。实际上，这些讨论与实验会在不久的将来变成正式的组织架构变更。

阅读笔记

第十章

常见问题及其解决方案

任何一种职业都有自己要解决的核心问题，内控也不例外。若内控提不出问题，那才要出大事。内控做得好的组织，一般都是风平浪静的；而如果组织运营得波涛汹涌，那肯定是内控做得漏洞百出。

不过，有问题不要怕，因为方法总比问题多。接下来，我们就来看看组织内控中最常见的问题及其解决方案建议。

常见问题之一：高级管理层不支持或支持力度弱

总体来说，内控这件事儿是很依赖顶层设计与推动的。但很多时候，顶层支持远远不够。

内控人员在私下交流的时候，多数都会"吐槽"自己的上司。每每有人提到"我们老板如此这般地支持我们"的时候，听者一般都羡慕不已："如果我们老板也能这样，该多好啊！"可以说，如今内控对上层的支持是欲求之而不得者多。

细心观察一下，每个行业中做得好的企业，其内部控制都做得很好，无一例外。并且，这样的企业有些甚至根本没有内控部门，因为内控不是它们的短板，不需要专门找专业的人来补齐。而如果有内控这样的职能部门，几乎所有的内控活动都是由某个领导小组领导、董事长亲自挂帅、总经理负责，等等。这不是对内控的特别恩赐，而是做好内控的应有支持。管理者们，你们可知道内控部门希望得到什么样的支持或者声援吗？

重要的是企业基调，没有人会否认良好的内部控制环境是有效实施内部控制的基础。高级管理层是建立内部控制环境的首要负责人。内部控制环境包括多方面的内容：通过"高层基调"（tone at the top）等方式强调内部控制的重要性，明确业务管理层与流程负责人，即明确内控的第一负责人，并将内部控制设计和执行的有效性纳入各级管理者的考核指标中进行考核等。

维基百科对"高层基调"的解释是"来自于会计领域的一个词，用以描述由董事会、审计委员会和高级管理层所建立的组织总体道德氛围"。商业伦理专家们相信拥有高层基调有助于防止舞弊或其他不道德事件的发生。

确保适当的"高层基调"对公司治理和风险监督至关重要。以下是可以用于自我评估的关键指标清单。

1. 在战略及重要决策上，管理层是否及时征询了董事会的意见？

2. 企业是否在制定战略和规划业务前就充分考虑了风险因素？

3. 企业是否认识到"风险管理"的重要性，并掌握了现有的风险概况，了解了新的风险？

4. 是否明确界定风险管理的职责，但却不鼓励冒进的风险承担行为？

5. 是否存在恶性竞争或不切实际的业绩压力，可能引发不当的风险承担行为？

6. 是否存在短期逐利心态，只顾数字目标，而忽略了商业环境的变化，未能考虑关键的战略假设？

7. 是否出现"明星员工"，具有超出标准很多的业务能力或投资回报水平，但原因不详？

8. 高管人员是否倾向于向员工"报喜不报忧"，或者不愿接受其他反对意见？

9. 是否明知重大风险的管理存在漏洞及重叠，却未能设法解决？

10. 是否容许存在重大业务执行上的利益冲突？

"高层基调"固然是重要的基础，但只要有良好的"高层基调"就足够了吗？当然还不够。领导者向员工传递公司的愿景、使命、核心价值以及对道德行为的承诺，但真正能够推动这种文化并让员工产生共鸣的，却是上级每天工作时的行为举止、点点滴滴。如果高级管理层没有全力以赴，就很难说服中级管理者为公司全情投入；若中层管理层偷奸耍滑，则很难说服基层员工认真负责。因此，要在企业内部自上而下有力贯彻落实内部控制，就必须先将其转化成有效的"中层基调"，然后再传达到组织基层，我们称之为"企业基调"。

说实话，要实施有效的内部控制绝对不是一件容易的事情，在设计和执行内控过程中需要付出高昂的成本。如果可以选择，谁都不愿花费那么多的资金和精力去关注控制，但是随着企业业务规模及业务复杂度不断地增加，尤其是全球业务的增长，内外部风险也在逐步增加，内控势在必行。正如《人类简史》这本书中提到的那样，只要在 150 人以下，无论是社群、公司、社会网络还是军事单位，只要靠着大家都认识、彼此互通消息，就能够运作顺畅，而不需要规定出正式的阶层、职称和规范。就算没有董事会、CEO 或财务部门，也能经营得有声有色。但是，一旦突破 150 人的管理门槛，事情就大不相同。如果没有内控支持，企业将不能做大，利润也不会增加，还有可能由于效率低和舞弊而增加损失。内部控制就像企业的"红绿灯"，没有人希望受到它的限制，但如果没有"红绿灯"，整个企业将可能陷入一片混乱。

所以内控部门需要高层基调，更需要企业基调。而想得到高层的支持与理解，得让他们知道内控与其实现战略目标是相关的，对其是有帮助的，同时也是有成本的，是需要付出的。

我们在前面章节已经对内控与董事会和高级管理层的关系和作用进行了阐述，此处从另外的角度进行补充，说一说内控的高度、角度和视界。

大多数人都不是生而知之，而是学而知之的。对管理者来说，管理企业也是一个不断学习的过程，更是一个不断成长的过程。笔者觉得若想改善管理者对内控的观感，获得其支持，有几点比较重要。

第一，站在管理者的角度，理解其想法做法。一定程度上说，风险评估、制度和流程设计、内控自评、内控审计等都是术，内控的道在于公司治理，在于管理哲学。正常情况下，组织中的管理哲学是由管理者负责推行的，内控是董事会和高级管理层要操心的事。但是，觉得管理者支持不够的内控从业人员们，面临的一般都不是正常情况。当然，非常情况要用非常手段，内控同行们在无法做听命行事的内控时，要试试在心理上和管理者站到一起，理解其想法和做法，找到与管理者对话的突破口。

第二，让内控成为管理者的内控，而不只是内控部门的内控。内控人员要用管理者能理解的语言去解读内控，用管理者惯用的方式来践行内控。内控理论可以在大学的课堂中讨论与研究，或者也可以在培训课堂上供大家探讨，甚至可以用于专门技术人员的实践指导，但绝对不适合原封不动地搬到组织的内控中来，更不适合原包装地丢到管理者面前，那样的话管理者连"拆开包裹"的兴趣都不会有。若是内控人员能把内控理论结合组织的实际推送给管理者，并提供有操作性的实施建议，就会是一个不错的开始。另外，很多时候很多事情的推出时机很关键。内控作为组织内部的机构，应及时把握公司的动态，把内部控制计划与管理者的管理意图相结合，做到随管理者的意志而动，更好地帮助其实现公司的治理。这样才有机会让内控真正走出内控部门，变成包括管理者在内的全员的、全流程的内控。

第三，内控部门的负责人要努力让管理者欣赏你、认可你。人，都是感性动物。人们对自己喜欢的人说的话，会更愿意接受。内控部门的负责人应该关注管理者的处事风格，以他们喜欢的、欣赏的方式进行沟通。

常见问题之二：职能部门的内控意识淡薄

内控的作用随管理层级的增高而增大。也就是说，相对而言，越高的管理层级越需要内部控制，内控对基层员工的作用较小，对中间层级的管理者而言是既爱又恨，通常恨多于爱。所以，这就导致了内控的第二个常见问题，那就是职能部门的内控意识淡薄。

这个问题的成因有两个，对应两类人。一类人是真糊涂。可能是因为"傻傻分不清"，也可能是因为胆子大，认为风险这种事一律不会发生在他的身上，换句话说，风险接受程度高。还有一类人是装糊涂。心里很明白，内控要做什么，能做什么，但就是不愿意做。因为他有自己的部门或个人诉求，部门的事自己明白就好，不想让别人知道太多。

第一类人通常不会走上管理岗位，而第二类人都是聪明人，也是有想法、有能力绕过内控的人。实际上，能把管理做好的人都不简单。"劳心者治人，劳力者治于人。"内控是治"劳心者"的人。

那么，怎么办？

首先，管理层与董事会要就公司的风险偏好达成一致认识，并把这种认识传达到公司上下。这一点非常重要。如果内部环境不能确保企业价值得到充分的保护，就有可能导致企业像安然公司那样为所欲为。内控就是为实现组织目标而生的，董监高是组织目标的当然责任人。从这一点上讲，内控本来就应该是自上而下的。内控部门的权力也来自于董监高的授权。只有得到了相应的授权，内控工作才好推进，职能部门和分支机构才愿意配合。

其次，对不同部门不同人的控制风险分别进行评估，限定控制的范围与要求，制定相应的控制策略。这么说并不是要在组织内部搞差别对待，其内控的原则和要求还是一致的，但不同的业务、不同的部门、不同的管理者会带来不同的风险，从而需要不同的内控要求。谨慎的人，其操作标准、业务熟练、内部管理相对扎实，风险自然会低，关注程度也就较低；而对于操作新业务的人，内部管理基础相对较弱，再加上新业务可借鉴的经验又少，其带来的风险必然就高，内控人员投入的精力必然要高。因此，要具体问题具体分析，不要"大水漫灌"，而是要"定向灌溉"，达到内控资源利用的集约化和精准化。

最后，从不同的角度，把部门或个人的诉求统一到组织目标之下。我们无法否认，部门或个人的目标与组织目标不可能完全一致，只能保持某种程度上的契合。其需要协调。首先内控人员得了解他们的诉求，知道他们最想要什么。有的人想要的是权力，有的人想要的是金钱，有的人想要的是自由，像时间上的自由或任务选择的自由等。其次要了解沟通对象，知道什么能打动他们。有的人"吃硬的"，有的人"吃软的"，有的人得软硬兼施。最后要在组织目标和他们的诉求之间找到一个契合点，以最能打动他们的方式进行协调。

常见问题之三：将效率作为弱化或逾越内部控制的理由

《经济学之死》中提到过一组数字，在公元 500 年到 1500 年的一千年间，现在西方经济体的 GDP 平均一年仅增长 0.1%。这样的增长率意味着公元 1500 年西方的经济活动总量是公元 500 年的

2.5~3 倍。而西方经济在公元 1500 年至 1970 年间的增长就与公元 500 年到 1500 年的一千年间一样了。大约从公元 1500 年开始，增长便开始加速。增长的大幅提升发生在 18 世纪，年增长率超过 0.5%。而这样的增长率放到现在仍不值一提，对于基数最大的美国，其 GDP 的增长率是 1.4%，而我国的 GDP 增长率在回落之后还是达到了 6.7%。

抛开数字不说，摆脱不了的手机，已经习以为常的移动办公，连送外卖也要拼速度，这些都在提醒着我们，生活节奏已经越来越快，裹挟着我们一路向前。我们面临的已经不是几百年前或几十年前的慢时代、慢生活了。无论是否愿意，我们都已经登上了高速快车，风驰电掣地一路向前。但在时代的高速列车上，我们更需要保障系数更高的控制系统，否则速度是快了，奔向毁灭的节奏也就快了。

内控过程是一个成本与效益平衡以及效率与风险平衡的过程。单纯的控制措施几乎必然意味着成本的上升和效率的降低。公司可能因过分强调控制成本，而经常将效率作为弱化或逾越内部控制的理由。

实施内部控制无疑需要成本，其在一定程度上也会影响到运行效率。于是，一些单位管理人员便常常以影响效率为由，反对内部控制措施的推行。事实上，如果将各项职能都交给某一个部门或某一个人去执行，没有必要的授权批准和审核，效率可能会很高，但由此产生的风险也急剧上升。因此，为了防止一些重大风险给企业带来灾难性损失，牺牲一定程度的效率是控制风险所必须付出的代价。

现实中我们经常碰到的情形是，由于企业推行新的内部控制制度会打破和调整原有的利益格局，这时一些管理人员便以影响效率为由反对内部控制新举措的推行。诚然，效率影响企业发展的快慢，但内部控制制度不完善带来的损失则可能关系到企业的存亡，作为企业的管理层，不能过分强调成本因素而忽视内部控制制度的建设，应当合理地向内控投入部分资源，充分挖掘内控在改善业务流程与提升经营效率上的附加价值，做到两全其美、二者兼顾。

内控人员也应设法平衡合规与运营效率之间的关系。内控是活的而不是死的，其要求书面制度和实际操作一致，也就是设计和执行要保持一致性，但更要求设计与执行的动态调整性，因为组织运营总是从一个稳态跳到另一个稳态，而不是一成不变的。尤其是在信息技术时代，时时移动，处处互联，知识更新的速度、需求变化的迅捷前所未有。抱着所谓的内控原则不知变通，很容易变成教条主义，为内控相关方所摒弃。

对内控人员而言，要学会时刻跳出内控去看内控，跳出内控去看内控对运营管理的作用，跳出内控去看内控对组织目标的作用，切不可为内控而内控，舍本而逐末。实际上，对内控体系进行整体规划是有利于提升组织效率的。至于内控如何能改善业务流程、如何能提升组织的运营效率我们在第九章有过详细阐述，此处不再赘述。没有不好的内控，只有还没有做好的内控。

常见问题之四：内控是内控部门的独角戏

最好的内控在于制造均势。长久来说，一个部门或一类部门太强，对组织是灾难。内控做不好的组织有两类，一类是内控部门太弱势，一类是内控部门太强势。这两类组织中内控的共同特征是内控部门唱独角戏，职能部门的参与度弱。

内控部门太弱势的这一类组织在目前来看占大多数，也比较好理解。原因是多方面的，可能是因为组织的职能分工赋予内控部门的话语权不够，可能是因为内控部门还未曾在过往证明过其价值所在，也可能只是因为有些部门更强势而内控显得相对弱势。在没有保证机制的情况下，内控部门太弱势，就意味着内控部门在与职能部门对话时难以取得对等的地位，很多时候内控变成了内控部门的自娱自乐，变成了纸面内控，90%的工作在于完成各种内控表单以应付主管部门的内控检查。

内控部门或行使内控职能的部门太强势的这一类组织，目前在国内的管理实践中并不多见。常见于业界成功的领头企业或小企业，其在小企业中并不一定叫内控部门，可能是总裁（总经理）办公室、综合管理部、财务部或总经理助理等。强势的内控部门可以保证指令的强力下达及结果的达成，在初创或转型调整等非常时期能起到超乎寻常的作用。在这种模式里，相关部门只是听令行事，参与度也同样堪忧。

良好的、能起到实际效果的内控从来都是全员全流程的内控，是所有人所有业务环节都要用心用脑用手的内控，不是某个人或某个部门的内控，也不是一些人动心动脑另外一些人动手的内控。

对于身处强势地位的内控从业人员来说，要做修正相对容易。只要有相应的意识，做适当的转变，引导相关职能部门自己去做，赋予权力的同时明确相应的责任即可。难的是相关的职能部门已经适应了原来的管理方式，难以在短时间内转变观点，或者想自己做却发现自己缺乏必要的能力去支持这样的转变。企业可以从操作能力较强的部门开始试点，用师傅带徒弟的方式慢慢导入，从部门熟悉的业务领域开始，从操作人员的能力所能覆盖的领域开始，逐渐培养起相关职能部门的内控能力。

对于身处弱势地位的内控从业人员来说，首先要记得一句话：别人的尊重要靠自己去争取，尊重从来都不是别人给的。只要肯花心思，总有机会推行你的内控思想。我们建议相关人员可以从大家都不甚关注又与各部门都有关系的工作着手，"刷存在感"。然后，整合并修订现有的规章制度，挑选一些强制性要求高的制度加入内控元素，例如，财务类制度、有行业特殊规定的制度、管理层特别关注的事项等。对于一些还没有完全实现系统化的企业来说，内控还有一个切入的角度，那就是信息系统的导入。因为是新的系统，不会给职能部门以强烈的介入感。与此同时，系统相对稳定，数据保存与获取相对容易，是新时期内控的主要实现手段，如果可以，内控部门一定要抓住这样的机会。一旦开始实行，今后想要绕过内控几乎不太可能。当然，最重要的还是改变董事会和高级管理层对内控的态度，在部门职能分工中摆正内控的位置。相信在做了这些努力之后，内控工作一定会得到认可。

常见问题之五：制度和流程缺乏整体性和系统性

正如我们在第三章中所言，目前"救火式"的内部控制制度较多，其制度体系缺乏系统性和完整性。很多企业的内部控制制度都是在发展中逐步建立起来的，经常是发现管理中出现了某种问题，于是相应地出台一个制度来规范。例如，今天发现电话费高了，就制定一个通信费管理办法，明天发现办公用品浪费严重，就拟定一个办公用品采购与使用办法。这种"救火式"的制度往往只能防范已发生的风险，而对未发生的风险则考虑不足。此外，这样的制度体系无论在内容上还是形式上，都缺乏系统性和完整性，没有科学合理的分类，甚至在不同制度之间存在矛盾或重叠的现象。有的企业还存在不同部门根据自身需要制定制度的现象，政出多门，相互"打架"。

笔者曾经接触过一个企业，仅是购买电脑一项，便既可以通过信息部门购买，因为信息部门负责整个单位的计算机软硬件系统；也可以通过行政部门购买，因为电脑属于办公用品，而办公用品归口行政部门管理；还可以通过负责管理固定资产的设备部门购买，因为电脑是一种固定资产。因此，企业应有一套制度来规范程序和形式，包括对制度的编号、格式、分类、内容、审批程序、执行及其他应注意事项进行统一的规范化管理，并以书面形式予以约束，也就是在整个企业里统一"划黄色框线"。

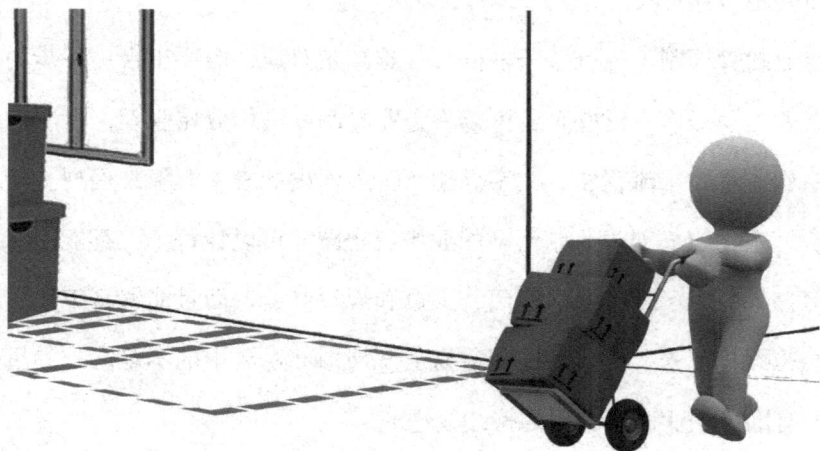

当然，这也是众多企业由综合管理部门兼任内控职能的原因之一，从另外的角度看，也是内控部门最早存在的理由之一。记得有一个民营企业的老板曾跟笔者说过他的经验，他所挑选的企业高管人员通常都要去负责内控职能的综合管理部工作一段时间，短则半年，长则一两年，这样能提高接任成功的概率。

除内控的职能规划方面缺乏系统性和整体性，实际操作中也存在系统性与整体性问题。这些问题导致制度和流程欠缺可操作性。很多单位存在这样一种现象，员工在某个岗位工作久了后变得驾轻就熟，经验老到，工作起来游刃有余，而一旦这个员工因有事调离或辞职，后面接替的人员则需要花很长时间来熟悉情况，重新摸索工作方法。这是因为执行的人往往凭自己的经验和别人"言传身教"来做事，岗位新手在开始阶段对工作不知从何入手，通常需要很长一段的学习和熟悉过程。这涉及企业的"知识管理"，可以通过加强内控设计的系统性与整体性使该问题得到解决。

有些企业的管理制度只有条条框框，很难真正落地，需要出台进一步的实施细则方能上手操作。这些企业可以将企业的制度进行分层管理，将制度细化为一系列流程，用流程图、文字描述及输入输出的表单模板来展现。流程示例请参见表 10-1。通过绘制清晰的业务流程图，可以让每个人都能一目了然地知道办事的程序、涉及的部门、人员和规章制度，而且能够将工作中形成的好经验固化下来，并且能比较容易地发现内部控制中的不足之处和风险点，从而有助于企业内部控制的持续改进。

此处，笔者建议管理制度和业务流程应由负责的职能部门或分支机构等执行机构自我编写与绘制，再由内控部门予以审核确认，以保证其系统性与整体性。因为职能部门和分支机构是执行的主体，也是最清楚其中利害的人，由他们撰写管理制度和业务流程是保证操作性的关键。并且，这也是主体承诺的一种形式，自己写出来的制度自己遵守，顺理成章。只是囿于部门的立场和流程的局限，其所撰写的制度和流程可能会欠缺系统性与整体性，需要内控部门加以补充。

表 10-1　流程示例

<table>
<tr><td>流程编号：××</td><td colspan="2">流程名称：固定资产验收流程</td><td>版本号：1.0</td></tr>
<tr><td>编制人：</td><td>复核人：</td><td>审批人：</td><td>更新时间：</td></tr>
<tr><td colspan="4">1. 适用范围：
2. 办理时限：
3. 流程关键控制点：
4. 申请人试用：
5. 验收：
6. 详细流程：</td></tr>
<tr><td colspan="4">流程图</td></tr>
<tr><td colspan="4">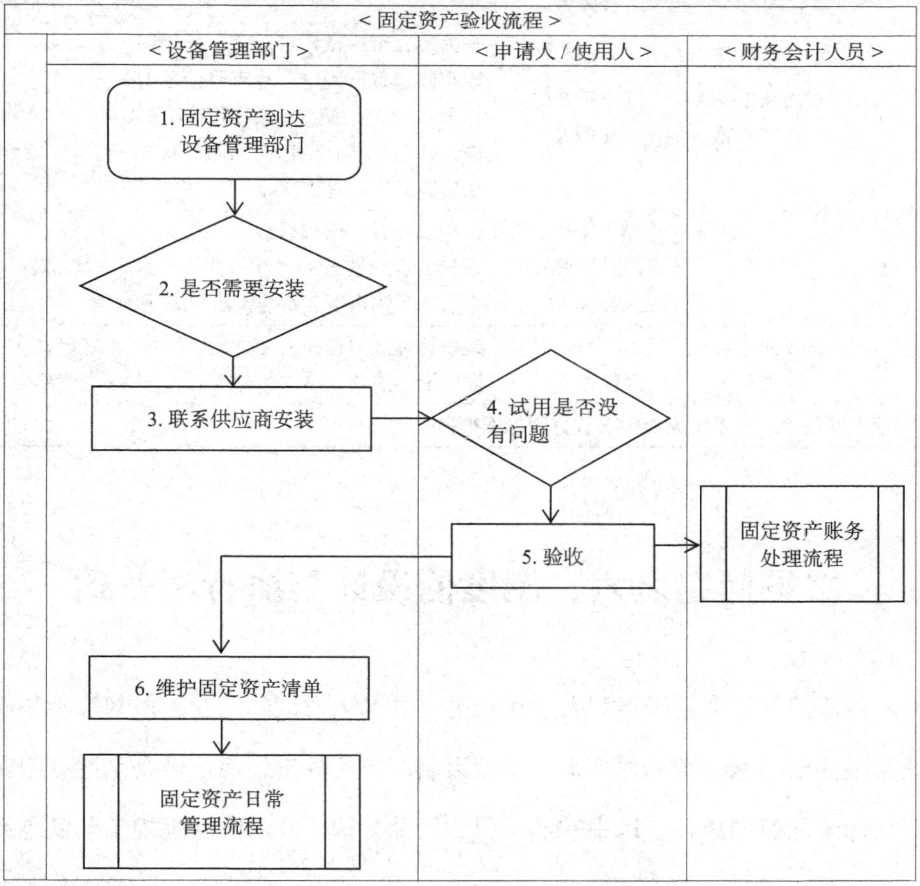</td></tr>
</table>

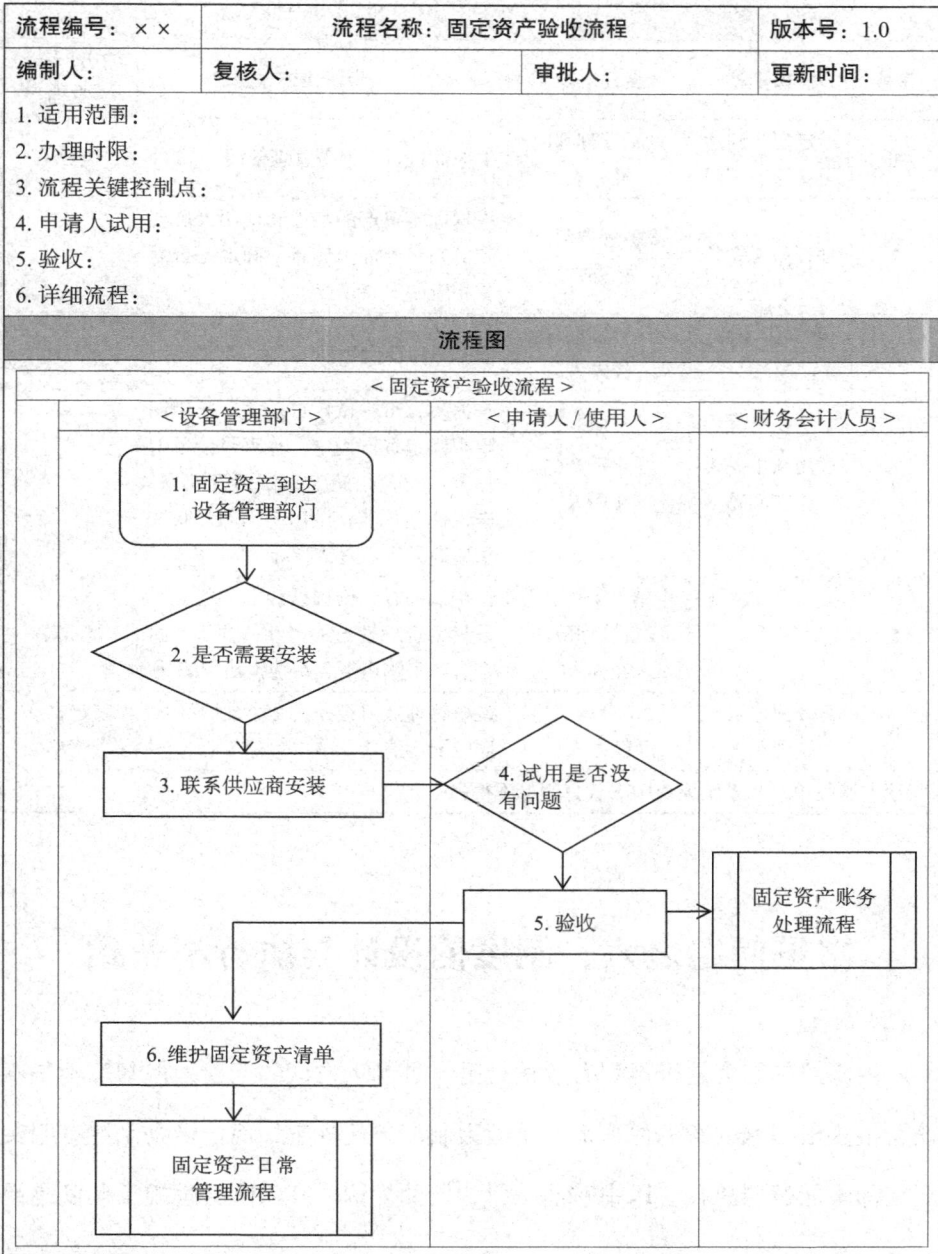

< 固定资产验收流程 >
< 设备管理部门 >
< 申请人 / 使用人 >
< 财务会计人员 >
1. 固定资产到达设备管理部门
2. 是否需要安装
3. 联系供应商安装
4. 试用是否没有问题
5. 验收
固定资产账务处理流程
6. 维护固定资产清单
固定资产日常管理流程

（续表）

流程描述				
序号	操作步骤	责任对象	步骤描述	输出／输入文档
1	固定资产到达设备管理部门	设备管理部门经办人	供应商送货至设备管理部门	送货单
2	是否需要安装	设备管理部门经办人	根据固定资产的特性和使用人员现有的知识与能力储备，确定是否需要相应的安装作业	
3	联系供应商安装	设备管理部门经办人	联系供应商安装	
4	试用结果是否存在问题	固定资产的使用人	若需要，可先试用再验收。试用期限视固定资产而定，也可与设备管理部门协商后确定。试用没问题，进入验收环节；试用有问题，联系供应商另行送货或指导	
5	验收	申请人／使用人设备管理部门经办人	试用没问题，则确认经办人的规格数量的合理性与适当性，并于"固定资产采购申请"系统模块中确认	验收单
6	修改固定资产清单	设备管理部门经办人	设备管理部门经办人及时维护更新固定资产清单	固定资产清单
说明：验收单须从系统模块中下载打印，不得另行制作				

常见问题之六：制度的设计与执行不一致

内部控制制度是否得到有效执行是一个老生常谈的问题，但却又不得不谈，很多出问题的案例往往都不是因为制度缺乏规定，而恰恰是制度有明文规定却未能遵照执行。以中航油（新加坡）为例，其风险管理规章制度是由安永会计师事务所制定的，在风险管理委员会设置的风险控制流程等各方面制度都比较完备。按照规定，公司的风险管理基本结构是从交易员到风险管理委员会，到内审部，到首席执行官，再到董事会，层层上报；每名交易员亏损 20 万美元时，须向风险管理委员会报告，亏损达 37.5 万美元时向首席执行官汇报，亏损 50 万美元时，必须斩仓。但遗憾的是公司的这些制度并未得到有效执行，公司内部风险管理内控系统形同虚设，最终给公司造成了超过 5 亿美元的灾难性损失。

内部控制制度不能有效执行的原因主要有两个，一是制度的问题。制度本身设计得不合理，或过于理想化，或面对新情况原有制度已不能适应却没有及时修改，从而使得制度不具可操作性，自然也就不会被执行。二是执行的问题，即缺乏保证制度执行的机制。有些组织对内部控制执行情况既没有检查监督，又没有相应的奖惩措施，内部控制制度成为"墙上摆设"和"一纸空文"也就不奇怪了。

要想使设计与执行相一致，还得从以上两个方向动脑筋。是制度的问题，就从制度着手；是执行的问题，就从执行着手。正如上一节所述，制度得由执行部门自己拟订，由内控部门负责审核。内控部门要审核该部门所制定的制度是否符合公司一贯的控制原则或已经生效的制度与流程，审核与之相关的制度是否有重复、交叉而又相互抵触的地方，审核是否还有空白的控制点。毕竟，按通常的逻辑，好做的、有利益的事总是各部门争着抢着做，难做的、没好处的事大家都赶紧向外推。在执行上则必须有相应的检查监督，比如内控审计，把内控审计的结果与绩效考核相挂钩就是一个不错的方法。此外，企业也可以通过信息技术手段将系统记录汇总成定期或不定期的报告，提醒或通报相关人员及其主管人员，对于重要的事项还需要将高级管理层加入接收者名单。如此，设计为未来的执行考虑，执行则严格按设计走，这样就会逐步形成有利的内控执行氛围，让说到的一定做到，让设计与执行同频共振、步调一致。

第十一章

内控人的金刚钻

内控作为新兴的职业之一，目前在国内尚处于人才难觅的状态。行业在摸索前行，从业人员也在摸索前行。什么是内控？内控要怎么做？这些都是摆在企业管理人员与内控从业人员面前的问题。

行业的需求尚不明确，学校的人才培养更需时间，更何况从学校到执业还有段长长的路。人才的另一个培养渠道是在职培养。很多内控人员都是从别的岗位转迁而来，比如有从财务岗位转来的，有从运营管理岗位转来的，还有从法务岗位转来的。除了转岗做内控的，还有兼职做内控的，尤其是在内控并不是出于企业自身需要而是源于监管要求而设的企业里。

俗话说："没有金刚钻，不揽瓷器活。"这一章我们就来说一说内控从业人员应该具备哪些任职能力。

胜任能力模型

胜任能力模型是近年来随着我国人力资源管理理论的发展和实践能力的不断提高而被提出的一个全新的概念。它能够具体指明从事本职位的人需要具备什么能力才能较好地完成该职位的职责，也是人们自我能力开发和学习的指示器。

本书的胜任能力模型采用 Lominger 67 项核心能力模型，并且这里只列示内控系列岗位的一般能力要求，不再继续细分，如不再区分是否为管理岗位等。内控系列岗位的核心能力模型如表 11-1 所示，共有 14 项，涉及六大要素、11 个组别。

这份核心能力模型并不能囊括内控从业人员能力的全部。但可以这么说，对内控人员而言，其需要深刻理解组织的战略及未来规划，需要向上的管理能力，即建立与高级管理层的良好合作关系，同时也需要解决问题的能力与良好的沟通能力，拥有对管理层及职能部门与分支机构的影响力。综合来说，内控人员的通用能力主要有这些关键词：洞见、学习、毅力、沟通与推动。

能力关键词

洞见

洞见，就是能透彻地了解世事，能透视不易察觉的事物，故而见解高明。也就是说，能透过现象看到本质。

透过现象看本质，落在实践中就是刨根问底——多追问几个为什么。我们应该养成多问几个为什么的思维习惯，热衷于发现现象背后的问题，并努力去找到每一个答案。

表 11-1　内控系列岗位的核心能力模型

序号	核心能力	内控专员	内控主管	内控经理及以上层级
1	亲和力	1. 能克服与人交流中的紧张感，顺利地与人交流 2. 能领会一般人能够辨别出来的社交暗示 3. 善于表露自己，以诚待人，并以此影响对方的交流态度	1. 热情、亲切、容易让人接近 2. 使对方觉得轻松自在，是一个很好的听众 3. 能敏锐地察觉别人渴望与人交往与沟通的焦急心情，耐心地对待 4. 会主动营造亲善友好的关系	1. 热情、亲切、容易让人接近 2. 使对方觉得轻松自在，不知不觉同吐露心扉 3. 能识别人的交往心态，建立融洽的关系 4. 比别人更早了解情况，及时获得一些非正式的、不完整的信息，从而做出适当反应 5. 不回避掩饰问题，建立开诚布公的沟通机制
2	与上级相处轻松自如	1. 在高级管理人员面前不会过度紧张不安或缺乏自信 2. 能恰当回应高级管理人员的要求 3. 言谈举止适地	1. 在高级管理人员面前不会过度紧张不安或缺乏自信 2. 能恰当回应高级管理人员的要求，留下良好印象 3. 能与较高层的上司得体地汇报工作或沟通讨论，能从自己专业的角度出一些建议和参考方案	1. 能轻松应付高级管理人员，与之建立良好的沟通关系 2. 理解高级管理人员思考和工作的方式，了解甚至能引导与修正期望 3. 能通过与高级管理人员有共同的想法并回应他们的要求来确定做事的最佳方式 4. 能巧妙地提出一些积极的、有效的方案

（续表）

序号	核心能力	内控专员	内控主管	内控经理及以上层级
3	诚实正直与信任	1. 被认为是一个直率真诚的人 2. 保质保量地完成工作任务 3. 勇于承认自己所犯的错误	1. 被认为是一个直率真诚的人，口碑不错 2. 说到做到，不随意承诺做不到的事情 3. 平等地对待周围的人和事 4. 坚持原则和立场	1. 被认为是一个直率真诚的人，广受大家信赖 2. 以不过激的、适当的方式追求事实真相，得出合理结论，表达建议和意见或缓解和责难 3. 坚持立场，公平、公正
4	快速学习	1. 对于第一次碰到的或不寻常的问题，能敏锐而灵活地处理 2. 细心地分析问题，或多方寻求线索与类似的信息，把握机会探索未知 3. 能快速了解新情况、新事物 4. 不畏惧处理棱两可的事情，愿意自己寻找答案，不仓促确定解决方案	1. 喜欢挑战新领域，不局限于过去的经验和使用过的方法 2. 乐于学习，持续学习，是团队的榜样 3. 从成功或失败中总结与反思 4. 不满足于表面的认知，愿意深入探寻事物的本质	1. 坦然接受变化，喜欢挑战新领域，不局限于过去的经验和使用过的方法 2. 乐于学习，持续学习，并能影响和带动周围的人，形成组织学习 3. 从成功或失败中总结与反思 4. 能敏锐地感知到新情况、新问题，面对新的问题，能快速学习，抓住事物的本质和基本结构 5. 愿意为找到解决办法而做各种尝试

（续表）

序号	核心能力	内控专员	内控主管	内控经理及以上层级
5	管理魄力	1. 能对别人展现自己坚定的立场和原则 2. 勇敢地面对任何人任何事，直面问题，不会畏缩不前，会等待别人来主导 3. 不会遇到当权者或者强烈反对就退缩 4. 若对某事知情，能根据自己的判断决定是否进行揭露	1. 让别人知晓自己的立场和原则 2. 能给别人提出及时、全面、直率而有用的建议和意见 3. 勇敢地面对任何人任何事，直面问题，不会遇强烈反对就退缩 4. 能基于职业判断果断坚定地采取行动，不害怕犯错	1. 让别人知晓自己的立场和原则 2. 需要出面的时候，必然会出面处理 3. 能给别人提出及时、全面、直率而有用的建议和意见 4. 勇敢地面对任何人任何事，直面问题，不畏惧介入争论，不畏惧作为问题解决的主导者 5. 如有必要，不介意采取具震慑性的行动
6	工作的管理与衡量	1. 能设定目标来管理自己与他人，并明确相关的衡量标准 2. 清楚地知道与自己相关的工作分配，能顺畅地与相关方进行合作 3. 能做好时间管理，及时保质保量地完成工作任务 4. 能及时对进度中的工作进行阶段性汇总与报告，有技巧地要求相关资源支持	1. 能设定目标来管理自己与他人，并明确相关的衡量标准 2. 能有秩序地分派、评量工作，分清轻重缓急 3. 能做好时间管理，及时保质保量地完成工作任务 4. 初步懂得如何利用已有的资源进行工作并实施跟踪落实	1. 设定清楚的目标、衡量标准与时间节点等关键控制要素 2. 能精楚地指派任务，确定权责归属以及配合的流程与机制 3. 会设计工作的反馈循环，有效地监督过程、进度和结果 4. 有毅力、有恒心，并且知道如何推动工作的进行与深入

（续表）

序号	核心能力	内控专员	内控主管	内控经理及以上层级
7	处理矛盾问题	1. 勇于面对矛盾和冲突 2. 倾向于以沟通、协调等和平的方式处理矛盾和冲突 3. 有一套处理矛盾问题的方法，并能从实践中不断学习与总结	1. 不否认，不逃避矛盾和冲突的存在 2. 倾向于以沟通、协调等和平的方式处理矛盾和冲突 3. 不死守一套解决问题的方法，能适时变通，有弹性地解决矛盾 4. 有能力把似乎对立的事物调合起来，比如既能坚持自己的立场又不挫伤别人的积极性，可以制定既严历又灵活的标准等	1. 不否认，不逃避矛盾和冲突的存在 2. 惯于以沟通、协调等和平的方式处理矛盾和冲突，兼顾各方 3. 有处理难题的技巧，相机行事，灵活地，有建设性地解决问题 4. 有能力把似乎对立的事物融合起来，比如有着有同情心的强硬，既能坚持自己的立场又不挫伤别人的积极性，可以制定既严历又灵活的标准等 5. 被大家认为是处理矛盾和问题的好手
8	毅力	1. 做任何事都自信、专注、果断、充满活力和动力 2. 尽力去完成事情 3. 不因事情不顺利而很快放弃或转移目标 4. 不会在非常不利的情况下，还不顾一切地徒然努力 5. 分清事情的轻重缓急，灵活地安排事情的先后顺序或程序	1. 做任何事都自信、专注、果断、充满活力和动力 2. 为达成预定的目标，自觉而努力地克服困难 3. 面对阻力或挫折时能继续坚持，知晓自己对目标的责任 4. 知晓变通，坚持及固执的区别	1. 做任何事都自信、专注、果断、充满活力地动力 2. 为达成预定的目标，自觉而努力地克服困难 3. 不到最后不轻言放弃，尤其是在面对阻力或挫折时时也不放弃 4. 不固执，不会知其不可为而为之，懂得坚持与固执的界限

（续表）

序号	核心能力	内控专员	内控主管	内控经理及以上层级
9	人际交往	1. 能按部就班地完成工作，不会因为不耐烦而犯程序上的错误 2. 知道所说的话、所做的事可能带来的结果，谨言慎行 3. 能控制自己的行为，不致让关系变得对立，造成冲突 4. 能将职场政治带来的影响控制在适当范围内，不致影响自己的职业判断和所作所为	1. 能应对各种复杂的人际关系，能平顺安然地活跃于职场 2. 能有说服力地与相关方尤其是较高级的管理人员进行交涉 3. 知道所说的话、所做的事可能带来的结果，谨言慎行 4. 能将职场政治带来的影响控制在适当范围内，不致影响自己的职业判断和所作所为	1. 能够在各种复杂的人际关系中驾驭自如，平静而有效地处理好各种关系 2. 清楚知道各种人和各种组织的运作方式，找到能让之改善的机会和途径 3. 预先知道破坏人际关系的"地雷"所在，并有相应的应对措施 4. 对职场政治泰然处之，不避讳、也不逢迎
10	解决问题	1. 一次就能把事情做好 2. 不局限于过去的经验，能提出自己的新见解，找到解决问题的办法 3. 不满足于停留在工作的表面，愿意思考并验证其所思所想 4. 愿意花时间好好学习，不断提升解决问题的能力	1. 不会停留在工作的表面，愿意做详尽的分析，从而发现隐藏的问题 2. 能从所有可利用的资源中寻找答案 3. 能用简单的方法解决复杂的问题 4. 不局限于过去的经验，能提出具有洞见的问题，因地制宜地想出更好的替代方案	1. 善于分析，能看到到隐藏的问题，会透过现象看本质 2. 能利用缜密的逻辑和方法解决复杂问题 3. 能综合利用所有可用资源，提出有效的解决方案 4. 能在关注问题解决的具体过程中的同时关注大方向

（续表）

序号	核心能力	内控专员	内控主管	内控经理及以上层级
11	流程管理	1. 能把自己的工作安排得井然有序 2. 能利用机会和别人合作，合理分工，从而把事情做得更有效率 3. 关注细节，能够预想可能发生的问题并采取有针对性的措施 4. 比别人用更少的资源完成同样的工作任务	1. 知道如何组织人员和活动，知道如何将任务分拆并将其组合成有效的工作流程 2. 知道关键控制点的设置及其控制标准的设定与衡量 3. 能想出便捷有效的方法来处理问题 4. 注重细节的同时，又能尝试简化流程，提升管理效率	1. 善于组织人员和活动，通晓任务分拆并将任务组合成有效的工作流程，并以导向为导向规划完成工作的必要流程 2. 知道关键控制点的设置及其控制标准的设定与衡量 3. 能将复杂的流程简单化，充分利用有限的资源，提升效率 4. 能系统地看待问题，看到别人看不到的协作和整合的机会
12	管理制度化	1. 不会畏惧工作中的困难，敢于挑战现有的制度，积极改进现有的系统 2. 能设计出让别人遵循以完成特定任务和程序，约束违规者，让别人清楚地知道该怎么做 3. 关注细节，但又不致让人感觉控制过度	1. 不会畏惧工作中的困难，敢于挑战现有的系统，积极改进现有的系统 2. 能够设计出让经营管理利进行的实践、流程和程序 3. 尝试授权，但也会适时检查监督工作 4. 关注细节和控制的同时，也留有适当空间	1. 喜欢让事物自行发展，而不加干预 2. 能够设计出让经营管理顺利进行的实践、流程和程序 3. 懂得授权、监督与考核，即使人不在现场，也能让相关责任人把事情做好，达成工作目标 4. 习惯以政策、策略、系统运行的方式思考或完成管理，相信别人可以自行完成工作

（续表）

序号	核心能力	内控专员	内控主管	内控经理及以上层级
13	了解他人	1. 能快速融入人群体，加入一些群体组织或活动 2. 知晓群体的诉求，知道如何与之相处与合作 3. 不仅能了解在目标或某些特质上与己相近的人，也能了解更多独特的人 4. 不因与某人所属的团队有冲突，就影响与他的关系	1. 知道群体的立场、意图和需要，理解群体及其成员的所作所为 2. 知晓群体的诉求，知道如何与之相处与合作 3. 既见树木又见森林，在群体中认识和评价个人，同时又能不囿于群体去看待群体中的个人 4. 能快速融入人群体，了解群体的运作方式及其目标	1. 知道群体的立场、意图和需要，理解群体及其成员的所作所为 2. 知晓群体的诉求，知道如何去激励他们 3. 能预测群体在不同情况下可能的选择，制定相应的解决方案 4. 克服先入为主的偏见，客观地看待每一个人 5. 既见树木又见森林，在群体中认识和评价个人，同时又能不囿于群体的印象和评价去看待群体中的个人
14	书面沟通	1. 语言简洁清晰，没有语法或用法错误 2. 准确明白地表达所想表达的意思，有理有据 3. 知道不同的场合不同的对象适用不同的书写方式与风格 4. 不畏惧书面表达，勤于练习，不断总结与思考	1. 书面表达逻辑清晰，语言简练，意思准确 2. 针对不同的需求采用不同的写作格式与表达风格 3. 能不断总结经验，提升自己的书面沟通能力	1. 书面表达逻辑清晰，语言简练，意思准确 2. 针对不同的需求采用不同的写作格式与表达风格 3. 能指导下属或其他人提升其书面沟通能力

举个例子，客服人员的工作积极性不高，使用了奖励和惩罚手段效果也不好，该怎么办？我们来尝试问几个为什么。

问：为什么客服人员的工作积极性不高？

答：因为觉得工作没意思。

问：为什么觉得工作没意思？

答：第一，因为工资低；第二，因为工作太枯燥，没有成就感。

问：为什么工资低？

答：因为市场上这个岗位对人的要求低，平均工资都低。

问：为什么这个岗位对人的要求低？

答：因为工作简单，就是重复的体力劳动，创造的价值低。

问：如果是重复劳动，创造的价值低，为什么企业不去做价值高的事情？

答：因为机器人还远远达不到人工客服的水平。

问：这说明客服的事并不简单，创造的价值也不低，为什么有的客服就能带来良好的品牌形象？

答：因为企业把客服放在战略高度，给予很高的重视。

"为什么"其实还能再问下去，问的越多、思考的越多、找到的答案越多，分析问题也就越深入、越透彻。

很多人遇到问题不喜欢多问为什么，而是喜欢做伸手党——直接问别人该怎么办，虽然做了很多的事，但分析问题、解决问题的能力并没有提高。

这一点跟培养孩子很像。孩子总把家长当成靠山，遇到什么问题或困难，不做尝试或稍作努力便举手投降，回头找家长问怎么办。但凡家长喜欢直接给答案的，孩子基本上都不会养成自己思考和探索的习惯，看问题基本上也是浮在表面的。而勤于动脑、乐于动手是洞见事物本质能力的前提。

但勤奋并不一定能产生洞见。只有通过对数据和业务流程的分析和评估，利用严密的逻辑和方法挖掘其背后的深层次原因，才能从可利用的资源中提出有效的建议和解决方案。换句话说，就是要钻进去。

曾经看到过一篇文章，是关于深度思考的。

我（作者）有个朋友有想法、有激情、爱折腾，他想放弃现有工作寻找一份天使投资方面的工作，虽没从事过类似工作，但凭着内心力量的驱动他花费了半个月时间研究一个行业，写了一份行业投资分析报告，随后投了份简历，便如愿以偿地收到了面试邀请。他在给我描述时的神态还是有点小激动的，说明他的那份投资分析报告获得了一定的认可。但面试时 HR 总监的几个问题把他问"蒙"了。

HR 总监："对你影响最深的一本书是什么，什么书名，作者是谁？"

他回答了一本书中的几个观点，然后又说作者确实想不起来了。

HR 总监："平时看科幻电影吗？"

他回答："平时工作比较忙，很少看电影。"——多么冠冕堂皇的回答啊！

HR 总监又问："你对什么痴迷？痴迷到什么程度？"

他回答："除了工作、看些书确实没对什么事物痴迷过。"

面试完他就觉得这些问题回答得很糟糕，心里有些担忧。在返程的路上，他收到了 HR 总监的回复，对方说"通过和同事的综合测评，你的经历不适合这份工作"。他有点不甘心，追问 HR 总监"为什么"，对方回答："知识的深度和广度不够，缺乏远见。"这一句话刺醒了他，多么痛的领悟啊。

仔细分析那几个问题，其实针对性很强，其分别考察了被面试者的知识广度、深度和远见。问什么书对其影响最深，意在考察其对这本书的理解深度，深度思考是做天使投资的基本素质。问看不看科幻电影意在考察其对未来的关注程度。

对内控从业人员来说，思考的广度是做好工作的必要条件之一，这不仅包括知识的广度（各方面知识都要有所涉猎），还包括经历的广度。

比广度更重要的是深度。有些人买了不少书，平时也喜欢看书，但基本等于白看，仅仅记住几个观点而没有深刻理解书中的思想精髓和体系结构，这是没有多大价值的。

深度思考比勤奋更重要。若知识是一个个珍珠，那深度思考就是把珍珠串起来的那根绳。

现在是信息爆炸的时代，每天都产生大量信息，但并不是每条信息都是有价值的，对这些充斥的信息我们首先要做的就是甄别其有无价值，无价值可以不看，重点看有价值的。李笑来把知识分为两种，一种是不可繁殖的，一种是可繁殖的，比如秦始皇是哪年统一六国的，这种知识是不可繁殖的，而能引起人的深度思考的知识就是可繁殖的，它可以让你提高、进步，让你的思想变得更深刻。不能深刻思考的根本原因是见识少，知识积累量不够。真正聪明的人都是在学习上下苦功夫的，曾国藩读书的原则是"一本书不读完决不读下一本书"，读真正的好书不能求快，快即是慢，快即是无，理解最重要。有时候我们对问题认识不深，一定程度上源于对细节的不在意，仅仅满足于了解笼统的概念。事物的本质都是被一层一层表象包裹着的，不追到底会让你把表象误以为是事物的本质，这会误导自己。深刻是一种态度，如果事事不求细节，那么很难想象一个人能优秀到哪里去。

除了勤奋和深度思考，还有一点也很重要，那就是对未来趋势的关注。对内控从业人员而言，思考向未来延展的程度决定了内控的生命力。

记得有个朋友跟我说过，不知道为什么他总是在一个行业鼎盛时期进入那个行业，然后此行业就渐渐走下坡路了。其实这就是踏不准节奏的典型情况，看到的总是当前和之前的盛况，却看不到未来的趋势和走向，于是总是拼命地追赶，拼尽全力却总跟在趋势后面。

人生如此，内控管理也是如此，得趋势者得天下。好的内控总是和公司治理相伴前行，随公司的成长而变化，有目的、有步骤地为公司的成长奠定基础。不好的内控要么以内控理论或风险管理的"陈词滥调"来武断地人为设限，要么一直在追赶却永远赶不上公司变化的脚步。如果内控本身就是拖后腿的，如何能帮助组织实现目标呢？

做内控不能仅盯着眼前那一点区域和事务，笔者从独自负责内审和内控事务开始，就一直有个习惯，那就是深入研究所在行业和所在企业，兼顾所在企业的战略规划，自己做个长期规划，再由此制定中短期计划，每年终了再对这些规划和计划进行调整。所以我对把握趋势的建议有两条。

第一，了解时代发展的趋势。纵观世界近一百年，代与代之间的经验很少能直接照搬传承。在信息化技术浪潮的席卷之下，更是三五年便物非人更非了。最近五年，在互联网技术的加持之下，行业与行业的跨界整合更是"家常便饭"，以至于企业管理界人人自危，不知道收割公司或行业命运的"鬼头镰刀"会从何方挥过来。但所有的变化都不是凭空而来的，只是酝酿的阶段不再那么长，从萌芽到繁荣的时间可能很短，这就要求我们要时刻留意、擦亮双眼、瞄准主角才好。

第二，了解你所在的行业和所在的企业。内部控制是一项计划先行、宏观着手、微观用力的活儿。根据行业发展周期理论（Industry Life Cycle），行业从出现到完全退出社会经济活动主要经历四个发展阶段，即幼稚期、成长期、成熟期、衰退期，如图 11-1 所示。

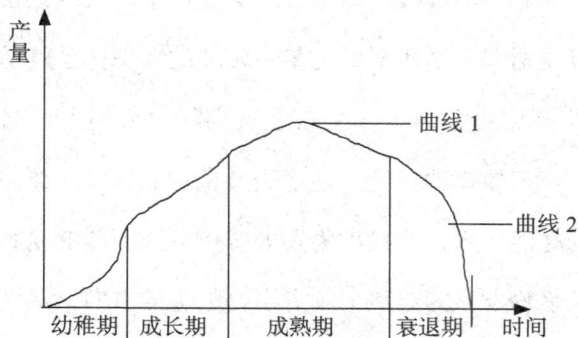

图 11-1　行业生命周期曲线

行业的生命周期曲线忽略了具体的产品型号、质量、规格等差异，仅仅从整个行业的角度考虑问题。行业生命周期可以把成熟期划分为成熟前期和成熟后期。在成熟前期，几乎所有行业都具有类似 S 形的生长曲线，而在成熟后期则大致分为两种类型。第一种类型是行业长期处于成熟期，从而形成稳定型的行业，如图 11-1 中右上方的曲线 1；第二种类型是行业较快地进入衰退期，从而形成迅速衰退的行业，如图中的曲线 2。行业生命周期理论是一种定性的理论，行业生命周期曲线是一条近似的假设曲线。

不同生命周期阶段有不同的特点，会对应不同的应对策略。而具体到某个企业，其企业基因、基调、文化及策略选择都会不同，对应的内控也应该是不同的。相关人员应研究分析所在的行业和企业，从战略的高度进行内控设计与安排。

第三，关注内控理论的发展。本书的立足点是内控实践，笔者反对为理论而理论，但也同样不认同为实践而实践。理论与实践是相辅相成，缺一不可的。实践是理论的基础，即实践对理论具有决定作用。人们把在实践中获得的认识和经验加以概括和总结所形成的某一领域的知识体系就是理论。科学的理论是从客观实际中抽象出来，又在客观实际中得到了证明的，正确地反映客观事物本质及其规律的理论。理论透过事物的现象，抓住事物的本质，抓住事物内在的必然联系，反映事物发展规律，因而能够使我们综观全局，高瞻远瞩，预见事物发展的趋势，确定事物前进的方向，从而指导我们的实践。另外，理论也能提供科学的方法，提高我们的认识能力，为我们提供科学的认识工具。最新的内控理论总是会给我们带来最前沿的内控实践的信息，也带来最新的企业管理实践的信息，预示着未来的趋势。对内控领域来说，从业人员需要同时关注国外的尤其是美国的内控理论研究和国内的内控理论研究。鉴于国内企业管理实践的飞速发展以及巨大的样本量，国内的内控理论研究日益发展壮大，在未来终将汇聚成洪流，中华民族管理智慧之珠终将迸发出耀眼的光芒。

第四，关注信息技术的发展与变化。目前来看信息技术的应用主要是移动互联网。几年前，大多数人都很难想象拿着手机就可以吃喝玩乐走遍世界。而这些技术的发展与变革对公司治理造成了巨大的冲击。内控人员若无法预见这样的变化，不提前做出相应的制度或流程上的安排，事到临头难免会陷入左支右绌的境地。

如果说关注未来趋势、尝试思考对培养洞见来说偏重务虚，那么谙熟业务和人性等关键要素就是偏重务实的了。了解公司的业务，吃透业务的关键环节，才有资格谈内控；清楚关键岗位关键环节的人，才有可能有的放矢，优质高效地达成内控目标。

吃透业务好理解，但谙熟人性就比较难了。机器人代替不了人，因为缺了人性。同样，数据永远比人更懂管理，但是数据缺乏对人性的了解。虽然我们试图通过一些技术消弭人的主观性对认识事物的影响，认为主观是洪水猛兽，但别忘了内控的对象也是人。主观意见，或者说，对人性的认识，本身就是对事物认知的一部分。在管理与被管理之间，在控制与被控制之间，人性才是最最关键的部分。

洞见，指的是看得到趋势，谙熟业务和人性，从而对事物表象背后的实质进行准确的把握。这是优秀的内控从业人员核心能力的关键词之一。

学习

记得十几年前笔者在一个小城市参加一个咨询项目。因为资源富饶，当地人民的生活绝不能算贫穷，但可能由于地处中原，受传统文化的影响比较深，且受外来文化与生活方式的冲击比较弱，咨询对象所在公司的员工普遍存在一种思想——"人过三十不学艺"，甚至中高级管理层也都这么认为。这给我们咨询结果的导入造成了很大的困难。

而在内控这个行当里，快速学习则是从业者必须具备的能力一。连实务都不了解，如何为别人提供解决方案？

在剧烈变化的社会中立足并获得发展的强烈愿望迫使我们不得不时刻刷新自己的知识、技能与能力，终身学习这一理念逐步为人们所接受。

除了养家糊口、安身立命的现实压力让人被动学习之外，还有好奇心这一内在的动力驱使人们去主动学习。

好奇心是人类的天性。人都有探索未知事物的好奇心。爱因斯坦曾说过："谁要是不再有好奇心也不再有惊讶的感觉，谁就无异于行尸走肉，其眼睛是模糊不清的。"

心理学认为，好奇心是个体遇到新奇事物或处在新的外界条件下所产生的注意、操作、提问的心理倾向。好奇心是个体寻求知识的动力，是个体学习的内在动机之一，是创造性人才的重要特征。

内部和外部的学习动力和学习需要会带来学习的兴趣。人们若对某件事情或某项活动有需求，就会热心于接触、观察这件事物，积极从事这项活动，并注意探索其奥妙。兴趣是一种无形的动力，当我们对某件事情或某项活动感兴趣时，就会很投入，而且印象深刻。

每个人都会对他感兴趣的事物给予优先注意和积极探索，正所谓心驰神往。例如，对美术感兴趣的人，会认真观赏、评点各种油画、雕塑、摄影作品；对钱币感兴趣的人，会想尽办法收集、珍藏、研究古今中外的各种钱币。

兴趣不只是对事物的表面的关心，任何一种兴趣都是由于获得这方面的知识或参与这种活动而使人体验到情绪上的满足而产生的。例如，一个人对跳舞感兴趣，他就会主动、积极地寻找机会去参加相关活动，在跳舞时也会感到愉悦、放松和快乐。

一个人从第一次接触一件事到初步掌握这件事，这个过程的体验好坏直接决定了他对此事的兴趣多少。也就是说，不管是学习一项技能，选择一种专业，还是从事一项工作，如果你在刚接触的时候可以比较顺利地入门，体验到些许成就感，那么你就会对它产生兴趣，甚至越来越有兴趣，越来越愿意学习，也越学越好。反之，初学体验不佳将直接导致兴趣丧失。绝大多数兴趣不是天生的，兴趣有无取决于初体验。

但是学习光有兴趣、光有意愿还不行，还得有学习的能力。学习能力一般是指人们在正式学习或非正式学习环境下，自我求知、做事、发展的能力。学习是由经验或者练习引起的个体在能力或倾向方面的持久变化及其获得这种变化的过程。学习是知情交融的过程。

那么，如何学习？笔者的经验是，把知识掰开揉碎，融入自己的认知体系中去，融会贯通。在此推荐一些方法供参考。

一、拆解知识

正如我们所熟悉的《庖丁解牛》的故事，对于任何一种新知识，一开始我们看到的都是一整头牛，接下来要走的就是庖丁走的路。

第一步，把握框架、系统。首先梳理所要学习的知识的框架结构。研究清楚牛的生理上的天然结构，比如筋脉经络如何相连、筋骨如何结合，从整体上把握各段的内容及其相互之间的关系。

第二步，掌握知识主体。这一步的主要任务是把"血肉部分"放到"骨架"里去理解。学习其实不难，只要抓住了关键点，便会一通百通。

这是一个把知识掰开揉碎的过程。在相当长的时间里，我们的学习都是在不断重复这个过程，从易到难，从一个学科到另一个学科。

现在有种叫思维导图的工具正在快速传播。笔者对此无甚研究，对其在心脑开发方面的作用没甚体会，但整体上看这倒是种从框架上把握知识结构的不错的工具。有兴趣的读者可以一试。

二、跨界

学习，一定要学习与解决某一类问题相关的所有核心能力，要做到这一点，就必须突破专业局限。我们所谓的专业，比如市场营销、法律、文学、政治、历史，其实只是人为制造的分类标签罢了，但是，这个世界并不是按照我们划分的标签单独运行的。一个市场营销的问题，背后往往涉及法律、政治、历史和文化等多种要素。可是我们的专业设置，并不管这些：你学好4P（产品、价格、渠道、营销）、市场细分等概念，就可以毕业了。这种认识，会极大地阻碍我们学习真正应该学的知识。

如今，虽然还在讲专业分工，但"跨界"也被越来越多地提及。跨界的本质就是跳出专业的、行业的局限，就是整合，就是融合。其需要跨过人为设置的专业界限，通过更为本质的思维方式、事物内在的联系去认知世界、改造世界。

三、内化

很多人的学习方法是：花很多时间去阅读一本新书，去记录重点难点，却从不花时间去加工这些信息，将其与已有的知识进行联系。这样看似节约了很多加工整合的时间和精力，能够读更多的新书，但却是买椟还珠，捡了芝麻丢了西瓜。阅读加画线或摘抄的读书方法把一本书拆分成了一个个孤立的知识点，于是，我们的学习变成了仅仅是理解和记住这些孤立的知识点。

某某人有知识无教养，或某某人虽是高级知识分子，其生活却过得一团糟，这些事例常常见诸报端。这些人的共同特点就是其掌握的知识与其人生是相互割裂的，没有把知识融入自己的知识体系。美国的布莱恩·魏斯博士在他的书《前世今生》中认为，每一个生命都是永恒的，我们的本质是灵魂，每一世的身体、生活形态虽不同，但是我们可以携带着相同的灵魂继续生活，若灵魂还不完满，那就会不停地被遣送回来继续学习。若真是如此，那么学习的目的就在于让灵魂完满，学习也就不仅仅在于学习知识本身，而在于把知识通过逻辑思考融入自己的知识体系中去，内化为自己的学识、素养甚至是"哲学"。

四、尝新

当我们感到自己的观点甚至尊严可能会受到挑战时，我们的第一反应不是思考对方的挑战和质疑是否合理，而是想着如何跟他对战！这时候，我们的习惯性防卫就产生了。其实我们每时每刻都可能面临这样的挑战。如果我们一直陷入这种习惯性防卫而不自知，恐怕学习再多的新观点新方法都是无用的。所以，要提高学习效能，第一步就是要打破习惯性防卫。

习惯性防卫是人类进化过程中发展出的一种自我保护机制。但是，在知识而非体力占主导的社会中，这种根深蒂固的习惯会在不知不觉中阻碍我们成长。

要打破这种防卫，就得建立绿灯思维。也就是说，当我们遇到新观点或者不同意见时，第一反应是：哇，这个观点肯定有用，我应该怎么用它来帮助自己？比如，我们的内控从业人员听完职能部门的意见后，可以这么想："嗯，这个观点虽然与我们制度要求的做法不一样，但是仔细想想，还有不错的地方。"比如，"如果我能够先倾听再沟通，就能让对方充分表达意见，可能产生新的创意；而且，充分沟通，也能避免我们讨论了半天才发现大家说的不是一回事儿；还有，理解和倾听，也是和对方建立信任的过程，能够增加团队的凝聚力。"我们要愿意试验，为了找到解决办法而去做各种尝试。

五、反思

反思是一种重要的技能。然而，由于教育经历中缺少反思这一重要能力的训练，我们大多数人常常把反思当作总结。

反思不是总结，至少两者的侧重点不同。总结是对结果的好坏进行分析；而反思是对产生结果的原因进行分析。正常的做事顺序是：做出假设——采取行动——产生结果；而反思的顺序是：观察结果——研究原先的假设——反思校正假设。

反思在学习过程中可以起到这样的作用——发现知识误区，促进我们学习新知识，检验所学新知识的应用情况。

在日常生活和工作中，我们都可以训练反思能力。从小事入手，深入突破；把生活案例化处理，感悟生活；养成记录的习惯，督促自己主动思考看似平淡的生活，挖掘过去没有注意到的细节。

除了以上这些方法之外，笔者还有一个促进学习的好方法，就是写东西。写东西是整理思路的最好方法，把所思所想写出来并与他人分享。也许一开始一点思路都没有，写着写着你就会发现思路打开了，一直在头脑里盘旋的那些东西都变得有条理起来。写东西是深度思考的过程，它会把存储在大脑不同区域的零散知识调取出来组合成体系，从而完成融会贯通的过程。

简单的方法往往最难坚持。但是一旦我们掌握和坚持了这些思考方式和习惯，我们就能极大地提升自己的认知效率，进而表现出让人惊讶的认知深度。

对我们而言，除了要培养学习的兴趣、掌握相应的操作技巧之外，更重要的是保持学习的心态。坦然接受变化，甚至是拥抱变化。挑战不熟悉的任务，不局限于利用过去的经验、尝试过的方法，力争把握机会探索未知领域。对第一次碰到或不寻常的问题，细心地分析或多方寻求线索与类似的信息，快速抓住事物的本质和基本结构，为了找到解决办法而去做各种尝试。一个内控人员要能既分析成功，也分析失败，从中得到提高，不轻易放弃，直至找到解决方案。

一个人播下什么种子，就会有什么收获。学习就好似播种，春不耕，夏不耘，秋如何有收获？

毅力

毅力也叫意志力，是人们为达到预定的目标而自觉克服困难、努力实践的一种意志品质。毅力,是人的一种"心理忍耐力",是一个人完成学习、工作、事业的"持久力"。当它与人的期望、目标结合起来后,会发挥巨大的作用;毅力是自信、专注、果断、自制和忍受挫折的结晶。毅力就是努力,毅力就是坚持。

从小到大,我们听的最多的大概就是坚持这个词了。蹒跚学步的时候,走两步就不想走了,父母会对你说要坚持。上学了,关于坚持的名言警句俯拾皆是,关于坚持的作文更是翻来覆去地写。毕业了,没有人催着盯着了,便要自己学着坚持了。

内控工作在讲求效率和创造性的同时,也要求从业人员要有坚持和执着的毅力。这里的坚持包括三个层面:对问题的坚持、对原则的坚持和对职业的坚持。

一、对问题的坚持

对内控工作不配合或者不关注的人,通常来说有两类,一类是躺着混的真糊涂,另一类是别有用心的假糊涂。内控从业人员听到的高频语是"这些我们都做了的""没事的,不会有这种事发生的"。大家听到这种话的第一反应就是"这家伙又在忽悠我,企图蒙混过关"。

对一个问题,要多方分析、多方沟通、相互印证、多方尝试,直至问题得到解决或合理控制。在工作中,第一,要向具体负责的人了解情况,不一定要找主管,尤其是高阶的主管,一来高阶主管未必了解具体的情况,二来高阶主管会很明白如何粉饰太平、应付内控。具体负责的人可能因为所处的层级较低,了解的情况比较片面,但清楚实际操作,另外也可以让内控人员自下而上地对内控环境进行适当评估。第二,要和工作关系人讨论每一个细节，讨论到自己不再有任何疑问。第三，要实地观察。耳听为虚，眼见为实。听来的毕竟不是第一手的资料，何况在有些情况下，并没有标准答案，每个人的主观判断也不一样，其立场不同尺度把握也不同。

内控人员要以解决问题为导向，坚持问题导向不放松；对照风险评估和实地检查工作的结果，理清楚关注点之后，就要坚持下去，相信自己的职业判断，除非有相反的证据证明事实并非如此。

二、对原则的坚持

内控人员会有职业病，把制度和流程挂在嘴边。诚然，制度、流程是好东西，但绝不能生搬硬套。我们应该坚持的是立场和原则。非原则性的可以灵活，可以变通，体现创造性，体现管理艺术的一面；原则性的则必须坚持，寸步不让，展现管理科学的一面。

人与人的交往都是在一次次的相互试探中了解彼此的底线，最终达成共识与默契的。部门与部门的交往也是这样的。我们对原则的坚持，会让相关部门知道内控的规范和尊严。

三、对职业的坚持

有时候我们也曾经想过放弃这个职业，因为太操心，因为太委屈，但在取得成绩的时候，也会骄傲也会自豪，并且暗暗告诉自己继续走下去。

给自己打气，顺利的时候乘胜追击，困难的时候告诉自己再撑一撑。很多的较量，无论是和他人的较量，还是和自己的较量，一瞬间的坚持也许就会获得成功。做内控，我骄傲！

沟通

在内控工作中，请至少把三分之一的时间花在和各方的沟通与问题反馈上，主管及以上级别人员需要的沟通时间占比更高。最好在沟通中确定工作计划，而不是先做计划再做沟通。神秘绝不是内控该有的面纱，好的内控往往都是有理有据、公开透明的。

讲沟通的书和课程非常多，在此我对沟通的定义、分类、模式、作用等不作论述，只说一说在内控沟通中几个需要特别注意的地方。

一、方式

在沟通上要注意语言的使用。在部门内部，最有用的语言是专业词汇，在部门外部，最有用的语言是"说人话"。讲机器语言的编程人员，基本上都会遭到"天怒人怨"，优秀的 IT 人员，在和机器对话时说机器语言，和人对话时说人的语言。优秀的内控人员亦是如此，和谁沟通就用谁的语言，要擅于把专业的词汇转变为通俗说法。

除语言沟通外，内控从业人员也需重视书面沟通。小到一张便条、一封邮件，大到一份报告，无处不用到书面沟通。写出来的文字务必简练而明确，准确传达信息，取得想要的效果。人都是视觉动物，对于任何报告、制度、方案、项目和流程，整洁清晰永远是第一位的。另外，还要根据不同的沟通环境、沟通对象和沟通内容，采取不同的描述风格。

邮件已是职场人士最常用的书面沟通工具。为提高邮件沟通的效率和效果，要关注以下几点。

1. 选择合适的收件人，一般是指工作的相关人及其负责人，以及所涉及部门的共同负责人，具体的事务不建议抄送给层级太高的管理者。

2. 使用有意义的标题，让收件人一下就能明白邮件的大致内容，也能将其区别于垃圾邮件。

3. 内容简洁清晰，尽量简短，最好将沟通内容列成要点；若有附件或长信，可在邮件中加上摘要。

4. 休假时设置自动回复。

5. 邮件有其优势，但涉及确认和沟通的事务，不建议使用邮件，建议采取电话或面谈等沟通方式。

除邮件外，常用的书面沟通方式是报告。大多数情况下，董监高都是通过书面报告了解企业内控的情况。从形式上看，有的喜欢使用 PPT + Excel，有的则喜欢使用 Word。内控从业人员的报告功夫一定要有。基本的要求是把事情说清楚讲明白，更高的要求是内容简洁清晰、重点突出，达到想要的效果。对报告的要求没有最高，只有更高，需要内控人员在练习中不断精进。

笔者有一位同学就是因为一篇 400 字的"豆腐块"被董事长看中而进了他梦寐以求的部门，一时间在我们同学中传为美谈。

二、共情

共情能力，或称作移情能力，指的是一种能设身处地体验他人处境，从而达到感受和理解他人情感的能力。用通俗的语言来解释就是将心比心、推己及人。

内控从业人员基本上都有过受人冷眼的经历，"不是刚来过吗，怎么又来了？""哎呀，哪有那么多风险啊，总共也没发生过几

阅读笔记

次。""你到底想让我们怎么着吧，你说我们来做。"……

在过分强调部门职责的公司里，内控的配合度相对会比较差。因为职能部门的精力不得不放在应付部门的职责目标上，即使内控部分加入考核项，效果也不会太明显，毕竟内控的考核分不可能设置得太高。

你希望别人怎么对待你，就要用你希望的方式对待别人。我们希望职能部门的人能理解我们的良苦用心，那我们也应该理解职能部门的立场和苦衷。业务部门有销售指标泰山压顶，支持部门也有例行的工作步步紧逼。就像对待孩子一样，有时候不一定需要家长做什么，也许只要一个拥抱、一个眼神就可以让孩子恢复自信与勇气。内控部门若能在沟通之前，用"我理解你"来开道，阻力势必会大为减少。

当遇到困难、挫折或烦心事的时候，有的人给出的鼓励、安抚、同情或建议会让你失去说下去的欲望，虽然口头上可能还在应付，但心里已经决定不再继续说下去并暗自寻找结束谈话的借口；而有些人总能让你酣畅淋漓地倾诉一番，不知不觉中就敞开了心扉，说完甚至能让自己走出困扰并找到解决问题的方法。

这样的共情能力是我们内控从业人员必须具备的，要给人一种"我懂你"的感觉。共情能力很难培养，基本上属于能力中的核心能力，是最难养成也是最难改变的部分。这部分并不是笔者专业的领域，所以不敢妄言。但个人觉得，有个方法可以一试。就是当你发现一个人有情绪的时候去问他当时的情绪状态是怎样的，看看他的体会跟你猜的是否一致，当然这个人最好是熟人。

走到台前，多看看事，多见见人。多看看事，即了解事情的前因后果、背景资料及其实际运作的情形。多见见人，多了解，多体悟，总会理解别人的感受与痛点。况且在内控实践中，有不少问题是较为普遍的，你遇到过，我遇到过，他也遇到过，同病相怜，更容易拉近彼此之间的距离。

既要心大神经粗，又要敏感地感知到情绪变化，做到与人共情。内控的同行们，我们可以的！

三、包容

曾经有位管理者讲过一个故事，说某位副总与非其分管的部门负责人之间起了冲突，到总经理处告状，说他俩价值观不合，大有"道不同不相为谋"的感觉。总经理跟这位副总说的是，工作伙伴合作的目的在于完成组织目标，又不是谈恋爱，就算价值观不合，该合作的还得合作。管理者用人要看的是人的优点，并将其缺点或弱项控制在对完成组织目标可控的范围内。在组织目标可控范围之外的摩擦就需要人与人之间、部门与部门之间彼此谅解、彼此包容。

内控亦如此。内控人员若能在组织内找到"价值观"相融的受控方是件幸事，完全找不到也不太可能，更多的是介于这两者之间。所以只要将彼此冲突的部分控制住不让它影响组织目标的实现即可。

人们一讲到竞争，好像就是要你死我活，讲到包容好像就是一团和气。其实，包容中也有竞争，竞争中也需要包容。我们提倡良性竞争，既保证竞争的理性化，也保证各利益相关者的平衡。因此就有了竞合理论。

组织的各职能部门或功能模块，都应该相互包容，进行自律与自我管理，顾全大局，相互配合，建立一个相对均势的系统。而作为组织者和协调者角色的内控人员，更应该有颗包容之心，客观平和地看待各方内控主体。"泰山不拒细壤，故能成其高；江河不择细流，故能就其深。"只有充分包容各方的不同理念与实践，方能找出适合企业的发展之道。

你我皆凡人，生在人世间，不能说一刻不得闲，起码也是身陷俗务，很难脱身。对有些职业来说，可能琐碎、细致是其特点，但对内控这个职业而言，既要钻得进去，也要跳得出来。否则，纠缠于细枝末节，如何看得到海阔天空，如何有格局？格局大，方能大处着眼，抓住必须抓住的，舍弃可以舍弃的，或者找到替代方案。

从心理上说，内控从业人员要有容人之心，具体来说，要容人、容话、容事。

第一，容人。容人，从根本上来说，就是能够接纳各种不同性格的人。接纳不同个性的人，团结不同个性的人，充分发挥每个人的积极性和创造性，内控才能真正变成全员的内控。团结一切可以团结的人，积极主动地寻求协作，尤其是与自己相似度不那么高的人，这样才能互为补充。

第二，容话。对那些不合自己口味的话，批评自己的话，带刺的、过激的甚至与事实不符的话，都能耐着性子，硬着头皮听下去，并真正做到有则改之，无则加勉。

第三，容事。同事之间，难免会有些磕磕碰碰的事，难免会有些功名利禄掺和其中。心大一点儿，神经粗一点儿，对事不对人，事过就过，把人往好的方面看。高贵的心灵把自己奉献于促进他人的平静与快乐之中，即使这些人曾伤害过他。

有气量的人总会得到别人的敬佩，总能遇到扶助自己之人。怀着包容和豁达的心境去做事，就会产生一种与众不同的做事心理，就会使自己始终怀着对人对事的一种谦和的心态。

气量并不只是容忍，而是我们要怎样正视内控这个职业的问题。如果你不能用你的气量去正视你身边的人和事，那么你就会陷入无穷无尽的是非之中，就会疲于奔命地处理与内控无关的事情，看不到应该看到的主流和大方向。

外界有多纷扰，内心就有多丰饶，我们也会迷惑、惊惧、不知所措，可这些只会让我们变得更从容、更旷达、更可爱、更有趣。君子坦荡荡，小人长戚戚。一个人能在逆境中保持乐观，要么缘于对时局胸有成竹，要么是他无愧于心，可以坦然面对所有挫折。小人是很少有开心时刻的，情况不妙的时候，他们会更加咬牙切齿，怨天尤人。

苏东坡是笔者最喜欢的古代文学家，没有之一。除了他的绝世才情之外，还有他那豪放的性格和他的为人。他的一生，一如他在《定风波》中写的：一蓑烟雨任平生。旷达，并不容易。真正的、经得起考验的旷达，要有看透世事的智慧，有对人性的慈悲，还要以强大的内心做后盾。东坡先生自己说："吾上可陪玉皇大帝，下可以陪卑田院乞儿，眼前见天下无一个不好人。"这是何等包容的心胸！内控人员也许比不了苏大学士，毕竟古往今来也只有此一人而已，但务必做到"上可陪董监高，下可陪基层员工，眼前见公司无一个不好人"。

推 动

这个词很关键，因为它的成效好坏决定了目标能否达成。推动能力就是能够有效组织各类资源，通过说服、协调、催促、强制等方式使内控规划顺利推行下去的能力；主要由资源获取能力、过程控制能力和应对阻力能力等构成。

成功的内控必然离不开完善的内控规划和一位好的内控推动者与执行者。内控理念的培育，内控措施的落地执行，需要良好的内控环境，需要全员的配合与参与，更需要内控人员的不断推动。很多内控从业人员在遇到困境、停滞不前、没有任何起色的时候，就会抱怨高级管理层的支持力度不够、职能部门不配合、推出的时机不对等。其实这些都是资源，都是需要内控人员去争取的，也是衡量从业者是否拥有卓越推动能力的指标之一。

我们就以高级管理层的不支持为例来说。针对某个内控事件，高级管理层也许只是在某个合适的场合做了一个口头的指示或要求。接下来，内控人员可以进行分析、加以规划，给高级管理层提交建议报告，谋求推行下去的机会。笔者曾遇到过，内控部门想推动一项措施，奈何涉及的部门和分支机构太多并且涉及多方利益，一直苦无机会。某日，外来的监管提出要求，高级管理层于是提出了一项动议，交内控部门研究。本是一次绝佳的机会，结果内控部门却考虑这考虑那，硬生生把机会给拖没了。其考虑的是高级管理层并没有下定决心，所以才只是研究看看；还考虑到如果真的执行起来，人手不够，又是麻烦事一桩；还考虑到动了某些人的奶酪会带来诸多阻力。所以，最终就只是坐那儿想东想西，直到管理层也忘了这茬，于是问题还是一直存在，没有一点改变。正如表11-1内控系列岗位的核心能力模型所列示的，内控人员应能理解高层思考和工作的方式，能够和他们有共同的想法并回应他们的要求进而确定做事的最佳方式，也能够巧妙地提出一些可能被认为正确而积极的方案。

对平行的部门，包括职能部门和分支机构以及内审部门等，甚至是外部的监管机构，内控人员都要建立良好的合作关系，理解他们的所作所为，领会他们的立场、意图和需要，知道他们的关注点，以及知道如何说服和激励他们。内控人员要能够在各种复杂的人际关系中驾驭自如，平静而有效地处理好各种关系，知道对方的"雷区"所在，制定相应的应对计划。一句话，就是联合一切可以联合的力量，利用一切可以利用的资源，推动落实内控相关工作。

说到落实，就得分析一下推动能力的另一个主要构成了，那就是过程控制能力。是否具备该项能力是内控最终成功与否的关键所在，其贯穿内控活动的全过程，从规划工作开始，明确时间节点、目标和衡量标准，到组织人员和活动，再到监督过程、进度和结果。

做内控规划的时候，可以利用过往的经验和可利用的资源，尽可能完善地谋篇布局，筹划完成工作的必要流程。若情况尚不明朗，或未来变数较大，需要内控人员能有所决断，能有效处理变化，能从容地管理风险与不确定的人和事。

进入执行阶段，内控人员应该知道如何组织人员和活动，如何将任务分拆或组合成有效的工作，清楚地指派任务并决定权责归属，必要时简化复杂的流程，充分利用有限的资源，将内控规划推向执行。相关人员要有能力实现管理制度化，设计出可实现的程序和流程，让事物自行发展、自我改善，即使不在现场，也能施加影响，保证各岗位各司其职。在整个执行阶段，内控人员要能设计工作的反馈循环，以监督过程、进度和结果，保证按规划进行，同时又能保留调整与改善的空间与可能。

天有不测风云，人有旦夕祸福，内控中遇到困难、阻力也是常有之事，何况内控从来就不是稳定环境下的可预期的活动，从来就不缺抵制和抗拒。所以，内控人员还应该有应对阻力的能力。

通常情况下，内控人员会比一般人更早了解企业运行状况，可以及时获得一些非正式的、不完整的信息。内控人员得有一定的策略敏感性，从而提前做出适当安排与应对策略。

面对困难和阻力，内控人员要能很快抓住事物的本质和基本结构，向相关方提出及时、直率、全面的反馈意见。同时，保有足够的适应性和灵活性，尝试把不太可能的事物结合起来，发现别人看不到的协作和整合的机会。但不得不承认，并不是所有的战斗都能兵不血刃，也不是所有的方案都能让相关各方均满意。这时候，内控人员就需要让别人知道你的立场，勇敢地面对任何人或任何情况，如果有必要，要敢于采取非常规行动。

大多数情况下，管理者并不关心部门工作的专业度和工作量，其更关心的是部门工作的效率与效果，所以能给出简单解决方案的"内控老手"往往是最受欢迎的。

为什么"内控老手"可以一眼看出问题的症结，精准出手，或借力打力，四两拨千斤呢？这就是个人经验与能力所在。审计抽样中的非统计抽样，就是通过审计人员的主观标准和个人经验确定样本规模，评价样本结果的。内控人员也同样可以通过个人对业务的谙熟、对事情的综合分析加上对人性的把握，将内控做得事半功倍，有声有色。

同志们，加强修炼吧，愿我们早日成为内控精英！

后　记

> > > > > > > > > >

　　我国企业管理开始得晚，但行政管理可是在三千多年前的西周就开始了。虽然行政管理所涉及的内部控制和企业管理所涉及的内部控制不同，但基本原理一致。上至国家层面的《宪法》，下至组织内的各项规章制度，大到企业章程，小到操作流程、控制表单，无不闪耀着管理智慧的光辉。

　　在我国，无论是理论的发展，还是实践的推行，内控都还远远称不上成熟。正因如此，才需要我等内控从业人员的努力和坚持，同时也给了我等内控从业人员一展身手的舞台和空间。离了内控地球照样转，但有了内控，地球会转得更圆满。

曾经看到过这样的一段文字：在感性方面有优势的人，理性系统决定了其思想发展的高度；在理性方面有优势的人，感性系统决定了其社会化发展的丰富性和敏感性。理性和感性双系统的成长决定了人生的深度和宽度。做内控需要理性和感性兼修，所以做内控也算是兼具拓展人生深度和宽度了。

有人说了解一个领域最好的方式就是写一本关于这个领域的书，这也是我写这本书的初衷。而在开始写作之后，我却忽然发现原本熟悉的、一直在说的和一直在用的东西忽然变得不那么确定了。于是，我多方查阅资料，请教高手，与同行讨论，直到自己有把握了才敢下笔推进。

一直以来，笔者都是个喜欢写点东西的人，比如写一些博客，不断更新微信公众号，写一写公司内刊文章，也会发表一些学术论文。但是，开始写书之后才发现，写文章是种享受，写书却是一个力气活，写的人和看的人都耗真气。所以，在这里，想对所有的读者道一声辛苦了。如果本书对您有所裨益，我便甚感欣慰，也十分欢迎大家的批评与指正。